Robert H. Schuller

Der Weg zur inneren Ruhe

mvg verlag

CIP-Kurztitelaufnahme der Deutschen Bibliothek

Schuller, Robert H.:

Der Weg zur inneren Ruhe / Robert H. Schuller.
[Einzig autoris. Übers.: Alfred Wittstein]. –
Taschenbuchausg. – Landsberg am Lech: mvg-
verlag, 1986.

(mvg-Paperbacks; 301)
Einheitssacht.: Peace of mind through possi-
bility thinking ‹dt.›
ISBN 3-478-03010-2

NE: GT

Amerikanische Originalausgabe erschienen bei
Doubleday & Company, Inc., New York
Titel des Originals: »Peace of Mind Through Possibility Thinking«

Einzig autorisierte Übersetzung: Alfred Wittstein

8910 Landsberg am Lech
Umschlaggestaltung: Thomas Gruber
Druck- und Bindearbeiten: Presse-Druck Augsburg
Printed in Germany 030 010/886802
ISBN 3-478-03010-2

Inhalt

Einführung

Die Nacht ist ruhig. Das Meer still. Der leichte Tropenwind weht durch den Palmenhain unter meinem Balkon. Die Sichel des Mondes spiegelt sich auf den kräuselnden Wellen des ruhigen, friedlichen Atlantischen Ozeans, der diese herrliche Insel Madeira umgibt. In wenigen Stunden wird die Sonne über den zackigen, zerklüfteten, mit üppigen, grünen Bananenhainen bewachsenen Bergen aufgehen. Und mein Kanarienvogel ohne Namen wird wieder zu singen beginnen. Ein kleiner Vogel, der Tag für Tag in dem herrlichen Tropenparadies aus sich wiegenden Palmen und blühenden Kaktuspflanzen lebt, jenem Paradies, das sich vor unserem Zimmer im berühmten Reids Hotel ausbreitet.

Ich habe dieses Zimmer mit meiner Frau bezogen, um hier dieses Buch zu Ende zu schreiben. Ich wusste, dass ich, wenn ich schöpferisch tätig sein wollte, mich vor störenden, Spannung und Stress erzeugenden Unterbrechungen schützen musste.

Spannung scheint in unserer stressgeplagten Welt unser ständiger Begleiter zu sein. Die innere Ruhe, auf die wir ein angestammtes Recht haben, wird unablässig durch Lärm, Verschmutzung, Krankheit, Familienprobleme und unzählige andere entnervende Einflüsse beeinträchtigt, durch Einflüsse, die geradezu zerstörende Wirkung haben. Die dadurch entstehende Anspannung führt oft zu geistiger und körperlicher Krankheit wie auch zur Unfähigkeit, unsere Lebensziele zu erreichen, uns selbst zu verwirklichen.

In diesem Buch möchte ich zeigen, wie man Spannungen im Leben beseitigen und sie mit Hilfe des positiven Denkens in innere Ruhe umwandeln kann. Jene, die meine früher erschienenen Bücher gelesen haben, insbesondere «Es gibt eine Lösung für jedes Problem» (Oesch Verlag, Thalwil), wissen, welches die Grundsätze des positiven Denkens sind; sie wissen auch, was ein Mensch, der positiv denkt, vermag.

Ein solcher Mensch gibt nicht auf, wenn er auf seinem Weg plötzlich vor einem Berg steht. Er kämpft vielmehr, bis er den Berg überwunden hat. Er findet einen Weg, einen unterirdischen Gang, oder er verweilt und verwandelt den Berg mit Gottes Hilfe in eine Goldmine. Der Mensch, der positiv denkt, sucht in jeder Lage nach Möglichkeiten ... und nicht nach Unmöglichkeiten.

Ein solcher Mensch überwindet Minderwertigkeitsgefühle: er ersetzt sie durch Selbstvertrauen. Er ist neuen Ideen gegenüber offen und ist für neue Wege und Möglichkeiten empfänglich. Er erkennt günstige Gelegenheiten und nimmt sie auch wahr. Probleme sind für ihn eine Herausforderung, der man sich stellt. Kummer und Schmerz trägt er im Glauben und mit innerer Ruhe.

Ich will hier zeigen, wie man mit positivem Denken Spannung auf schöpferische Wege bringen kann. Wir wollen erfahren, wie wir aus unserer neugewonnenen ruhigen Einstellung und Haltung grosse Kräfte gewinnen können. Wenn wir jenes Geheimnis der Ruhe und heiteren Gelassenheit einmal kennen, vermögen wir ein freudvolles, schöpferisches und erfülltes Leben zu führen.

Es ist kein Zufall, dass mit zunehmender Anspannung, die einer emotionalen Epidemie gleichzustellen ist, die Fähigkeit der zwischenmenschlichen Kommunikation abnimmt. Eine Ursache der Unfähigkeit, miteinander zu reden, liegt darin, dass ein angespannter Mensch den anderen Menschen nicht mehr zuhören kann: die Spannung blockiert das Aufnahmevermögen. Sie verunmöglicht es auch zu hören, was Gott uns sagt.

In diesem Buch entdecken wir einen entscheidenden Grundsatz: *Nur die innere Ruhe führt zur Kommunikation*.

Als ich noch ein junger Mann war, hatte ich «Gott» im Gebirge auf eigenartige, herrliche und erhabene Art erfahren. Als ich dann wieder in die Zivilisation, in die «wirkliche Welt» zurückkehrte, verschwand das «religiöse Gefühl», und

ich zweifelte daher an seiner Echtheit. «Die idyllische Umgebung hat mich dazu geführt», war meine falsche Schlussfolgerung. Die betriebsame Welt – so lautete mein hartes Urteil – ist die wahre Welt, jene stille Bergwelt ist eine unwirkliche Welt.
Viele Jahre später brachte die heilsame Theologie und Psychologie von Architekt Richard Neutra meine Einstellung auf die richtigen Wege – wenn auch auf Umwegen. Neutra, der sich der Bedeutung seiner Lehre nie bewusst war, übte, indem er mich den «Bio-Realismus» lehrte, einen gewaltigen Einfluss auf mein Leben aus. Die Wahrheit ist darin begründet, dass Gott wie ein genialer kosmischer Architekt einen unfassbaren Organismus namens «Mensch» geschaffen hat. Dabei hat er den Menschen mit einem «Ruhe-System» versehen, dank dem jeder zu einer täglichen geistigen Zwiesprache mit Gott fähig ist.
Solche Zwiesprache halten heisst in einer Haltung der Offenheit und tiefen Entspannung positive Gedanken und Vorstellungen aufnehmen. Neutras «Bio-Realismus» besagt, dass Gott uns Augen gegeben hat, auf dass wir die Wolken im endlosen Himmelsmeer still vorbeiziehen und die grünen Bäume sich sanft im Winde wiegen und das Wasser den Mondenschein widerspiegeln sehen. Indem er dieses Bild der heiteren Ruhe sieht, erfährt der Mensch die innere Ruhe und Gelassenheit. Er wird dadurch der «kaum hörbaren Stimme Gottes in seinem Innern» gewahr, jener Stimme, die den Vögeln zu fliegen, den Fischen zu schwimmen und den Menschen in schönen Gärten zu wandeln befahl. Aber auch zu hören! Gott gab uns Ohren, damit wir ruhige Klänge hören – das Rauschen des Windes, den Gesang der Vögel, das Murmeln des Bächleins. Mehr Frieden und Ruhe! Tiefere Entspannung, grössere Empfänglichkeit für die geistige Botschaft!
Aber es geschah etwas Schreckliches. Im ersten Garten fand ein erster Kampf statt, und der Mann und seine Frau wurden aus ihrer Heimat vertrieben.
Heute liegt jener Garten weit hinter uns. Unsere Augen und

Ohren, dazu geschaffen, Ruhe und Gelassenheit aufzunehmen, sind zu Sinnesorganen geworden, die ein wildes Durcheinander von Spannung, Lärm und Hetze aufnehmen und übertragen.
Der biologische Organismus kämpft mit einem Problem. Darüber hinaus verspürt jener Geist, der im biologischen Organismus wohnt, den krankmachenden Schock als erster. Gottes Botschaft kommt nicht mehr so einfach und direkt zu uns. Die gewaltige Spannung versperrt den geistigen Impulsen den Weg. Adam und Eva sind nicht mehr im Paradies!
Der Mensch ist in einer geistig und seelisch verschmutzten Umwelt, wenn er seinen natürlichen Garten Eden verlässt, und wird in einen wilden Dschungel von Autos, Bussen, Beton und Asphalt getrieben. Nur wenigen kühl überlegenden, logischen Atheisten ist bewusst geworden, dass ihr Unglaube die negative Gefühlsreaktion eines Organismus ist, der geistig und emotional gestört ist, weil er sich ausserhalb seiner natürlichen Umgebung befindet.

Innere Ruhe gewinnen heisst zur Zwiesprache, zur Kommunikation fähig werden

Neutra lehrte mich folgendes: «Wenn ich Ihre Kirche baue, dann wird sie so naturverbunden sein, dass wir es dem Schöpfer ermöglichen, jenes ‹Ruhe-System› wieder zu gebrauchen. Wir werden die hässliche Stromleitung durch dicke Mauern zum Verschwinden bringen. Wir werden den weiten Himmel durch offene Fenster hereinlassen. Wir werden das sanfte Rauschen des Wassers an diesen Ort des Friedens bringen. Ruhig und entspannt werden wir für den natürlichen Fluss von Gottes schöpferischen Gedanken empfänglich sein.»
Die Architektur sollte also der Theologie und der Psychologie zu Hilfe kommen!
Und das Ergebnis? Ich lebe und arbeite nun seit bald zwanzig

Jahren in diesem Gotteshaus, und ich habe erlebt, wie mehr als 7000 nicht eigentlich religiöse Menschen an diesem Ort zu gläubigen Christen wurden.

Ein Freund sagte einmal: «Ich fürchte mich vor der Fähigkeit des Menschen, sich anzupassen.» Damit meinte er die entwicklungsgeschichtlich bedingte Fähigkeit des Menschen, sich minimalen Gegebenheiten anzupassen, um in einer fremden, feindlichen und zerstörerischen Umwelt zu überleben. Warum muss man sich davor fürchten?

Weil wir eines Tages nichts anderes mehr als unreine Luft, schmutziges Wasser, Spannung und Nervosität erzeugende Klänge kennen werden und, ohne es zu achten, im Verlaufe des Anpassungsprozesses uns selbst geistig und seelisch zerstören.

So ist der Mensch, eine ihrem innersten Wesen nach geistige Schöpfung, unter dem ständig grösser werdenden Druck und Stress, der zwangsläufig jeden Organismus, der ausserhalb seiner natürlichen Umgebung lebt, beeinträchtigt, von jener Krankheit befallen worden, die man «Verweltlichung» nennt. «Gott ist tot!» verkündet er.

Wem sollen wir glauben? Den Verweltlichten, die sagen: «Es gibt keinen Gott!» Oder den Gläubigen, die erklären: «Ich weiss, dass Gott lebt. Ich erlebe ihn!»? Diese Frage stellte mir kürzlich ein bekannter «weltlicher» Rundfunk-Kommentator, der mich in Hongkong interviewte. Wie lautete meine Antwort? «Wenn ein Vogel, der zeit seines Lebens in einem Käfig gelebt hat, erklärt: ‹Ich glaube nicht an den Himmel. Ich glaube nicht, dass man in der Luft frei fliegen kann – das ist ja unmöglich!›, so würde ich diesem Vogel nicht glauben. Wenn ein Fisch, der immer nur in seinem Aquarium herumgeschwommen ist, nicht an Seen, Flüsse und Meere glaubte, so würde ich diesem Fisch nicht glauben. Wenn ein Mensch, der sein Leben inmitten von Autos, Strassen, Kurven, Beton und Asphalt gelebt hat und dabei immer nur Abgase eingeatmet hat, von den anderen seiner Art ständig herumgeschubst und

-gestossen wurde und von einer computerisierten, technischen und materialistischen Welt entmenschlicht wurde, wenn nun so ein Mensch sagt: ‹Ich glaube nicht an Gott!›, dann werde ich seinem Urteil nicht trauen!»

Ein Vogel ist zum Fliegen bestimmt, ein Fisch zum Schwimmen, und den Menschen ist es bestimmt, sich in Gottes Garten zu ergehen. Gärten beruhigen und entspannen; Ruhe und Entspannung ermöglichen geistige Zwiesprache.

Wenn wir in diesem Buch nun lernen, uns zu entspannen und geistige Ruhe zu finden, werden wir für schöpferische Ideen empfänglich werden. Wir werden auch erfahren, dass Gott mit uns spricht.

Wenn wir einmal das positive Denken für den inneren Frieden verwendet haben und gelernt haben, richtig nachzudenken und zu beten, werden wir die negativen Spannungen, welche schöpferische Impulse unterdrücken, die Lebensfreude beeinträchtigen und sich vor unsere Ziele stellen, endgültig abgebaut und beseitigt haben. Wir werden fähig sein, jenes Leben zu leben, das uns von Gott bestimmt ist.

Lesen Sie also weiter, und entdecken Sie die innere Ruhe durch positives Denken. Sie werden in Ihrem Leben erstaunliche Kräfte erfahren.

Robert Schuller

1. Die Kraft der inneren Ruhe

Wie würden Sie Ihr Leben gefühlsmässig beschreiben? Sind Sie unbekümmert und sorglos oder angespannt und nervös? Fühlen Sie sich angenehm entspannt oder unter Druck gesetzt? Gehen Sie am Montag jeweils froh und optimistisch zur Arbeit - oder missgelaunt und müde? Wandelt sich Ihre Zuversicht in Mutlosigkeit? Sind Sie nur selten wirklich fröhlich und viel öfter griesgrämig oder gar beunruhigt und bekümmert? Werden Sie meistens von negativen Gefühlen, Verärgerung und verwirrenden Gedanken beherrscht? Ist Ihr heutiges Leben eher unbefriedigend, und fühlen Sie sich oftmals irgendwie unglücklich?

Wenn dem so ist, so leben Sie unter Umständen mit Spannungen, die Ihre Lebensfreude beeinträchtigen, Sorgen verursachen und sich gar lebensverkürzend auswirken. Sie könnten zu jenen Abermillionen von Menschen gehören, die es zuliessen, dass die Spannung die Oberhand über ihr Leben gewann. Sie könnten zu denjenigen gehören, die an einem erfolgreichen, freudvollen und glücklichen Leben vorbeileben, weil ihr Inneres von Spannungen beherrscht wird.

Erst wenn ein angespannter Mensch die innere Unruhe durch einen ruhigen, friedlichen und harmonischen «Schwerpunkt» ersetzt hat, können die angeborenen Kräfte frei werden. Erst dann wird es möglich, Träume zu verwirklichen, schöpferisch zu denken, hochgesteckte Ziele zu erreichen, kurz: zu leben, und zwar froh zu leben.

Sie lernen sich auf natürliche Weise entspannen

Leider leben wir in einer spannungsgeladenen Welt. Spannungen sind eines der Haupthindernisse zu einem tätigen, glücklichen Leben. Die Spannung hat viele Namen. Manchmal nennt

man sie Stress, oft auch Druck oder Zwang. In vorgerücktem Stadium wird sie zur Angst. Der Begriff «Spannung» tritt uns in Zeitungen und Zeitschriften und am Bildschirm entgegen. Werbespots bieten uns unzählige Beruhigungsmittel und Tabletten an, die uns sofort von Kopf-, Rücken- und Magenschmerzen befreien, die von Nervosität herrühren. Überlegen wir uns einmal, jeden Abend werden allein in den Vereinigten Staaten 20 Millionen Schlaftabletten geschluckt! Jedes Jahr werden 6 Millionen Kilogramm Aspirin verbraucht, und jährlich werden 250 Millionen Entspannungstabletten wie Valium und Librium verschrieben und eingenommen.
Wozu? Zu welchem Zweck?
Um Spannungen abzubauen.
Aber alle diese Mittel, selbst wenn man sie alle auf einmal nähme, erfüllen in Tat und Wahrheit ihren Zweck nicht. Sie können höchstens vorübergehend, für ein paar Stunden, die Spannungssymptome verringern. Die Spannung und ihre Begleiterscheinungen lösen sich mit einer Tablette nicht auf. Ihre Wurzeln und Ursachen liegen tief im Menschen drin. Wir müssen uns bewusst sein, dass die Kraft der Ruhe grösser als die Kraft der Tablette ist. Legen wir unsere Spannungen deshalb frei, beseitigen wir sie, und ersetzen wir sie durch innere Ruhe.

Sie erfahren eine Erweiterung Ihres Bewusstseins

Ist Ihnen auch schon aufgefallen, dass nach der Rückkehr von einer Ferienreise das Haus oder die Wohnung anders ausschaut? Das Haus oder die Wohnung hat sich aber nicht verändert, sondern wir.
Vor der Reise waren wir so sehr an die Farben, die Stoffe und die Anordnung der Möbel gewöhnt, dass sie kaum hier zu sein schienen. Die täglichen Sorgen und Spannungen haben uns so sehr beansprucht, dass sie unser Bewusstsein getrübt haben. In

den Ferien begannen wir dann uns zu entspannen und die Sorgen, Kümmernisse und Ärgernisse des täglichen Lebens beiseite zu lassen, und zum Zeitpunkt der Ferienrückkehr sind die trüben, beschlagenen Fenster des Bewusstseins wieder klar geworden. Als wir dann in unser Haus oder unsere Wohnung traten, sahen wir die Einrichtung mit neuen Augen und klarem Bewusstsein.

Sobald wir innerlich ruhiger werden, sehen wir viele alltägliche Dinge anders. Wir können dem Leben plötzlich Seiten abgewinnen, von denen wir vorher keine Ahnung hatten. Unsere Wahrnehmungsfähigkeit wird in erstaunlichem Masse zunehmen. Wir werden «religiös», so wie wir es zuvor nicht waren. Die unnatürliche, unmenschliche Spannung schränkt die normale Empfänglichkeit des Menschen für die Wirklichkeit Gottes ein. Darin ist der Grund zu suchen, weshalb viele Menschen sich in der Natur Gott näher fühlen und weshalb, umgekehrt, eine zunehmend spannungsgeladene Welt immer ungläubiger wird.

Fehlender Glaube ist wie eine Krankheit im Menschen; sie ist immer die Folge einer mehr oder minder tiefgreifenden Spannung, die die natürliche, heilbringende Gläubigkeit verhindert.

Fehlender Glaube, mangelnde Religiosität ist die Folge ungesunder Spannungen, die durch unsere gefühlsmässige Reaktion auf eine unausgeglichene Lebensweise zustande kommen.

Sie werden zu höherem Bewusstsein gelangen

Über die Bewusstseinserweiterung wird heute viel gesprochen und geschrieben. Überall reden die Menschen über die verschiedenen Möglichkeiten, durch höheres Bewusstsein zu vermehrter Erkenntnis zu kommen. Leider haben Zehntausende von jungen Leuten (und auch einige ältere) zu Drogen gegriffen, um dieses Ziel zu erreichen. Drogen führen zu einer wirklichkeitsfremden und falschen Bewusstseinserweiterung. Da diese unwirklich ist, hat sie auch keinen Bestand. Sobald die Wirkung nachlässt, fallen die Drogenbenützer wieder auf den Boden der Realität zurück, und zwar genau jener Realität, der sie zu entfliehen suchten. Oft werden sie von den verheerenden Auswirkungen der eingenommenen Drogen gezeichnet und geschädigt.

Sowenig all die Schmerzmittel, Schlaftabletten, Beruhigungspillen und anderen Chemikalien, die entweder auf ärztliches Rezept hin eingenommen oder über den Ladentisch gekauft werden, eine dauerhafte Befreiung von Spannungen oder Angstzuständen bringen, sowenig vermögen dies Drogen, ob es sich nun um Marihuana, LSD, Heroin, Kokain oder Alkohol handle. Und ebensowenig bringt eine dadurch bewirkte kurzfristige Bewusstseinsveränderung eine wirklich von innerer Ruhe geprägte Seelenlage. Genau diese brauchen wir aber, wenn wir die Kraft für ein erfolgreiches, sich lohnendes Leben gewinnen wollen. All jene Wunder- und Heilmittelchen, die Spannungen angeblich beseitigen und zu erhöhter Erkenntnisfähigkeit verhelfen, sind nichts im Vergleich zur gewaltigen Kraft des positiven Denkens, zu dem ich Sie in diesem Buche führen möchte. Denn das positive Denken ist der Schlüssel zu einer wundervollen, echten «religiösen Erfahrung».

Alle, die sich zum Glauben an Gott bekehrten, sagten jeweils übereinstimmend, dass vom nächsten Morgen an die ganze Welt für sie schön gewesen sei. Durch den Glauben wird die Spannung, die durch Schuldgefühle, Einsamkeit, Entfremdung und Bedeutungslosigkeit im Leben entstanden ist, beseitigt, und eine tiefe innere Ruhe bemächtigt sich des Menschen, eine Ruhe, die das Ergebnis der erlebten Erlösung ist. Plötzlich sieht der Mensch mit neuem, erweitertem Bewusstsein

- die Blumen, die schon seit Tagen im Garten blühen,
- die Vögel, wie sie sitzen, singen und herumfliegen.

Seine Ohren hören deutlicher als je zuvor

- das Flüstern des Windes in den Baumwipfeln,

- das Zirpen der Grillen im Garten,
- das Lachen der spielenden Kinder,
- das Gezwitscher der Vögel.

Alle Klänge und Bilder, die uns die Natur bietet, werden dem Menschen deutlicher: er begreift und versteht sie besser und empfindet daran eine tiefere Freude.

Sie finden eine reiche schöpferische Quelle

Ihre grössere Wahrnehmungsfähigkeit und Ihr erweitertes Bewusstsein führen Sie zu einer schöpferischen Quelle, wie man sie sich in ihrem Reichtum kaum vorstellen kann. Entspannung richtet Ihr Inneres auf das Schöpferische aus.

Mein Büro befindet sich im «Turm der Hoffnung», einem 14stöckigen Gebäude auf dem Areal der Garden-Grove-Community-Kirche. Ich habe festgestellt, dass ich in meinem Büro nur selten wirklich schöpferisch sein kann. Ich kann mich dort offenbar nie vollständig entspannen. Jeden Augenblick betätigt meine Sekretärin die Gegensprechanlage, um einen Besucher anzumelden oder um mich etwas zu fragen. Dann liegt auch immer eine Liste mit notwendigen Telephonanrufen oder mit telephonischen Antworten, die ich vorher nicht geben konnte, vor mir. Und schliesslich denke ich unbewusst an die bevorstehende Sitzung, die ich noch vorbereiten muss, oder an den Besuch, der noch vor Tagesende zu machen ist. Wie Sie sehen, führen selbst die täglichen Routinearbeiten zu Spannungen. Selbst solche kleinen Spannungen verengen, versperren und verstopfen die Kanäle, durch die positive und schöpferische Gedanken fliessen. Eine tote Spinne im Thermostat unserer Kirche hatte einmal das ganze Belüftungssystem blockiert.

Um mich ganz zu entspannen, so dass ich schöpferisch tätig sein kann, muss ich an einem Ort sein, wo ich vor spannungserzeugenden Unterbrechungen geschützt bin. Dies erklärt übrigens auch, weshalb uns eine schöpferische Lösung auf ein Problem vielfach mitten in der Nacht kommt. Ein Kopf, der mit den alltäglichen Sorgen und Nöten oder mit einem grösseren Problem beladen ist, kann nicht klar, kreativ und aufbauend denken.

Meine schöpferischen Gedanken und Einfälle kommen mir dann, wenn ich Auto fahre oder mich für ein paar Tage in die Berge zurückziehe, wo keine Türglocke und kein Telephon den Fluss der Ideen unterbrechen kann. Meine schöpferischsten Gedanken stellen sich oft dann ein, wenn ich in einer fremden Stadt in einem Hotelzimmer bin oder allein bei meiner morgendlichen Andacht verweile. Bei solchen Gelegenheiten kann ich mit meinem Gott, der unser aller Gott ist, allein sein. Schöpferisches Denken ist mir dann möglich, wenn ich in meinem Innersten weiss, dass ich mit Gott im Einklang bin und wir beide keine unvermuteten und unwillkommenen Unterbrechungen zu befürchten haben.

Wenn ich mich, geschützt vor spannungserzeugenden Unterbrechungen, in solcher Einsamkeit befinde, muss ich jeweils zuerst meinen Geist von den Problem- und Spannungsüberresten befreien, die sich in den vergangenen Stunden, Tagen und Wochen angesammelt haben. Das gelingt mir, indem ich eine meiner liebsten Bibelstellen immer wieder lese. Zum Beispiel den 23. Psalm, dessen Worte beim wiederholten Lesen ein stilles, beruhigendes Gefühl des Friedens erzeugen, der Seele und Geist mit heiterer Ruhe erfüllt:

> Der Herr ist mein Hirte,
> mir wird nichts mangeln.
> Er weidet mich auf einer grünen Aue
> Und führet mich zum frischen Wasser.
> Er erquicket meine Seele ...

Nach dem Lesen dieser Zeilen erfüllt mich ein Gefühl des Friedens. Nach zehn bis zwanzig Minuten in dieser Ruhe spüre ich, wie eine wundersame Kraft in mir wächst und mir die Fähigkeit verleiht, positiv, schöpferisch und stark zu den-

ken. Neue Ideen kommen mir, zwangsläufig ergeben sich Lösungen auf Probleme, ich sehe klar die künftigen Wege und vermag Entscheidungen in bezug auf notwendige Arbeiten und Tätigkeiten zu fällen.
Seit je war die Meditation ein Weg, der zur Lösung der Lebensprobleme führt. Durch alle Zeiten hindurch waren die Mönche in den Klöstern während Stunden ins Gebet und ins Meditieren versunken. Im Zustande der geistigen Entspannung kamen sie mit dem Quell der allmächtigen Schöpfung in Berührung, und der Gedankenfluss stellte sich ein.
Neue Ideen, positive Lösungen der Probleme und Richtlinien beim Treffen von Entscheidungen verwirklichen sich auch bei Ihnen durch den erlebten inneren Frieden.

Sie behalten Ihre Lebenskraft

Positives Denken und innere Ruhe führen zu schöpferischen Gedanken, die Begeisterung erzeugen, Begeisterung, die tatsächlich Kraft ist! Daher ist ein durch positives Denken geprägter, von Friede erfüllter Geist unablässig im begeisternden Planen, Schaffen und Denken begriffen, was unbegrenzte Kraft erzeugt, dank der wir unvorstellbare Ziele erreichen.
Sie werden buchstäblich ein neues und erfülltes Leben erfahren, wenn Sie lernen,

> die kraftbringende Energie einzuschalten und die
> zur Ermüdung führende Spannung abzuschalten.

Nichts entkräftet uns rascher als Anspannung und Hetze. Wie oft haben wir schon Menschen sagen hören «Ich schaffe es einfach nicht» oder «Ich bin jetzt zu müde, ich werde dies morgen beendigen». Diese Menschen sind meistens Opfer der kraftverzehrenden Spannung.
Während einer Reise nach Fuju in Japan, die ich vor einigen Jahren machte, wurden mir die Tätigkeit und die Aufgabe der ganzen asiatischen Nachrichtenzentrale der amerikanischen

Streitkräfte erläutert. Im Wetterdienst hiess mich der Sektionsleiter ein funkgesteuertes Bildübertragungsgerät anzuschauen und bat mich zu beobachten, was dieses Gerät empfing. Ich sah, wie das Gerät eine Photographie ausgab. Als sie fertig war, sah es aus, wie wenn eine Aufnahme von einem riesigen Kreisel gemacht worden wäre. Der Sektionsleiter, dessen Gesichtsausdruck hart geworden war, sagte: «Das ist ein Taifun. Er bewegt sich genau auf die Philippinen zu. Morgen trifft er dort ein und wird gewaltige Schäden anrichten.»

Dann zeigte er auf einen weissen Fleck in der Bildmitte und sagte: «Das ist das berühmte Ruhe-Kraft-Zentrum.»

Die ganze Kraft im Taifunzentrum - jene Kraft, die Winde von bis zu 300 Stundenkilometern erzeugt - entsteht in diesem ruhigen «Auge», das heisst im Zentrum dieser Naturerscheinung. Auch die heftigen Tornados und Zyklonen im Landesinnern und die gewaltigen Hurrikane des Nordatlantiks haben dieses ruhige, friedliche Zentrum.

Ich möchte, dass Sie das Geheimnis erfahren, wie Sie über eine innere Ruhe zu Ihrer eigenen Ruhekraft gelangen können. Wenn es dann möglich wäre, einmal Ihre Seele zu photographieren, würden wir ein silbernes Zentrum der heiteren Ruhe sehen. Suchen Sie diesen Seelenfrieden zu erreichen, und statt zerstörerischen Gemütserregungen wird eine frische, jugendliche Kraft in Ihnen wachsen! Sie werden von einer gebändigten Kraft getrieben, die aufbauendes und schöpferisches Denken und Handeln ermöglicht.

Menschliche Kraft kommt nicht aus den Muskeln - sie wird durch die Seele, durch den Geist erzeugt, jenem unabdingbaren lebendigen Sein, das alle Kinder Gottes besitzen. So, wie das Ruhekraft-Zentrum des Taifuns sich inmitten der ungeheuren Gewalt befindet, erzeugt die innere Ruhe die seelische Kraft, die sich dann in physische und geistige Kraft umsetzt. Sie werden feststellen, dass Sie - sobald Sie diese herrliche innere Ruhe besitzen - sich die Lebenskraft bewahren und Überdruss und Müdigkeit überwinden können.

Es ist wichtig, dass wir zwischen Müdigkeit und Überdruss klar unterscheiden. Müdigkeit ist das verhältnismässig kurzzeitige «Ich-muss-mich-mal-eine-Minute-hinsetzen»-Gefühl, das wir nach einer grossen körperlichen Anstrengung empfinden. Es wird oft von einem angenehmen Gefühl, etwas vollbracht zu haben, also gewissermassen von Stolz begleitet. Nach einer kurzen Pause sind wir meistens wieder für die nächste Aufgabe bereit.
Der andauernde, ständige Überdruss dagegen - wir können ihn auch Erschöpfung oder Unlust nennen - rührt von einer emotionalen Spannung her, die auf unseren Organismus übergreift. Überdruss ist eine körperliche Schwächung, die eine seelische Kraftlosigkeit widerspiegelt. Wenn sich innere Spannung mit körperlicher Anstrengung vermengt, sind wir nicht müde, sondern erschöpft und überdrüssig.
Vielfach brauchen wir nicht einmal irgendeine Anstrengung zu unternehmen, um uns erschöpft zu fühlen; wir sind erschöpft, bevor wir überhaupt nur einen Muskel bewegt haben. Sie kennen zweifellos Menschen, die über Müdigkeit klagen, sobald sie morgens aufgestanden sind. Manchmal hat diese Müdigkeit eine körperliche Ursache. Wenn ein Mensch aber Spannungen nicht abbauen kann, wird sein Körper diese Spannungen zu Erschöpfungs- und Unlustgefühlen aufbauen.
Ich werde Ihnen in diesem Buch zeigen, wie Sie Ihre Spannungen abbauen und eine innere Ruhe gewinnen können. Wenn Sie gelernt haben, wie man zu dieser Ruhe kommt, wird Ihr Leben von jugendlicher Kraft und Energie erfüllt. Sie ist eine Quelle der Energie, die Ihnen hilft, Ihre Schwierigkeiten zu überwinden und Ihre Ziele zu erreichen.

Sie leben länger und gesünder

Es liegt auf der Hand, dass wir, von innerer Ruhe erfüllt, länger und glücklicher leben. Die meisten Ärzte stimmen darin

überein, dass die Spannung der Feind Nummer eins der Gesundheit ist. Spannung darf ohne weiteres als der grösste Schadenverursacher überhaupt bezeichnet werden, führt sie doch zu nervöser Überbelastung, Alkoholismus, Herzinfarkt, Geschwüren, Darmkrankheiten - um nur einige der gefährlichen und letztlich tödlichen Krankheiten zu nennen.
Das Wort «Unbehagen» - es steht hier für alle der Gesundheit und dem Lebensglück abträglichen Krankheiten - besteht aus zwei Teilen: aus der Vorsilbe «Un» und dem Hauptwort «Behagen». Wenn wir uns nicht behaglich fühlen, wenn es uns an Behagen und Behaglichkeit fehlt, sind wir innerlich angespannt, fühlen wir uns nicht wohl. Wir sehen, dass es auch einen sprachlichen Zusammenhang zwischen Spannung und Unbehagen gibt.
Daraus folgt, dass wir - wenn wir uns von Spannungen befreien und sie durch die innere Ruhe ersetzen - unser Leben verlängern, dass wir gesünder und glücklicher leben.

Sie leben glücklicher

Sie werden das Leben künftig geniessen - und nicht einfach ertragen. Liebe, Lachen, Zuneigung, Humor, Begeisterung und Freude sind beglückende, positive Gefühle. Eisige Spannung lässt diese Gefühle unter einer kalten Decke erstarren, genauso wie der Winter in seiner klirrenden Kälte die lieblichen Wasser eines schönen Sees zufriert. Zur gleichen Zeit, da die Spannung jene positiven Gefühle erstarren lässt, entsteht eine kalte Geistes- und Gefühlshaltung: Angst, Verärgerung, Überdruss und Eifersucht.
Der göttliche Friede, der Ihr Herz und Ihre Seele erfüllen wird, vermag auch die eisige Spannung aufzutauen. So, wie die warme Frühlingssonne das winterliche Eis schmelzen lässt und das kalte Wasser wärmt, werden positive Gefühle frei: sie treten an die Stelle der negativen, kalten Stimmungen.

Wie der Frühling nach dem Winter wird ein wohltuender Optimismus, freudige Erwartung und hoffnungsvolle Zuversicht Ihre Ängste, Befürchtungen und Ihr Bangen vertreiben. Zunächst tropfenweise, dann in Strömen werden die spannungserzeugenden, negativen Gefühle Sie verlassen und Ihr Bewusstsein wie einen warmen Boden zurücklassen; fruchtbar und zur Aufnahme guter Saat bereit.
Sie werden sich freuen, wenn jemand an die Türe klopft, die Türglocke erklingt, das Telephon läutet und ein Freund oder Verwandter mit Ihnen sprechen will, wenn ein Brief mit erfreulichen Neuigkeiten im Briefkasten auf Sie wartet. Von nun an verändert sich Ihr Leben gründlich.

Sie werden mit den andern besser reden können

Es gibt eine wundervolle Erkenntnis, die sich durch das ganze Buch hindurchzieht. Suchen Sie sie. Verstehen Sie sie.
Sie lautet so: *Die innere Ruhe führt zur schöpferischen Kommunikation*. Diese innere Ruhe führt Sie im Innersten Ihres Wesens zum aktiven positiven Denken.
Soll das heissen, dass Menschen, die negativ denken, wegen ihrer Anspannung unfähig werden, positiv zu denken? Ja, genau so ist es.
Wenn ich nun sage, dass die innere Ruhe positives Denken erzeugt – ist dies denn etwas anderes, als wenn man sagt, dass positives Denken innere Ruhe bewirkt? Was trifft mehr zu? Weder das eine noch das andere. Es verhält sich damit wie mit der Frage, ob zuerst das Huhn oder das Ei da war. Oder: Womit beginnt ein Gespräch – mit dem Zuhören oder dem Sprechen? Sie werden der wahren Kommunikation, der eigentlichen Gesprächsführung fähig, wenn Sie lernen, neue Gedanken aufzunehmen. Sie nehmen auf, hören zu, wenn Sie sich entspannen und Ihre Spannungen und diejenigen der Menschen, denen Sie etwas erzählen wollen, verringern.

Befreien Sie sich von jenen inneren Spannungen, die zu eingleisigem Denken führen, und Sie werden auf die Tatsache stossen, dass Sie entweder allzusehr auf die Verteidigung Ihrer Position bedacht waren, um offen und ehrlich zuhören zu können, oder so sehr Angst hatten, dass Sie nicht einmal den Versuch machen konnten, den anderen zu verstehen.

Bei jeder zwischenmenschlichen Beziehung gibt es eine Unzahl verbaler und nichtverbaler wirklicher und scheinbarer Drohungen, die so viele Spannungen hervorrufen, dass im Leben und an Situationen nichts geändert und bei der Kommunikation nichts verbessert werden kann.

Allein schon der Gedanke an eine Änderung der eigenen Einstellung ist für unsichere Menschen etwas Bedrohliches. Deshalb sind nur wirklich sichere Menschen (Menschen, die sich selbst annehmen) in der Lage (das heisst genügend entspannt), tatsächlich zuzuhören.

Dies konnte ich auf einem internationalen Psychologie-Kongress erleben. Die sowjetischen Psychologen haben im Grunde genommen nicht gehört, was ihre Kollegen aus der freien Welt sagten. Während wir Probleme der Verhaltensänderung studierten, kam es zu einer Diskussion über «die Ethik der Verhaltensänderung». Sind wir vom Standpunkte der Ethik und der Moral aus berechtigt, Menschen zu manipulieren, zur Methode der «Gehirnwäsche» zu greifen, unter Drohungen zu Verhaltenskorrekturen oder -änderungen zu zwingen – und das alles nur, um Menschen für unsere Sache zu bekommen und sie dann zu kontrollieren, damit unsere Menschen-Ressourcen erhalten oder gar vergrössert werden? Dies ist eine der grossen Fragen unserer Zeit.

Entspannung ist auf jeden Fall Voraussetzung für einen aufbauenden Dialog. Wo die innere Ruhe die Kommunikationsfähigkeit verbessert, werden sich alte Ressentiments abbauen.

Ihre zwischenmenschlichen Beziehungen werden merklich besser

Wenn die Kommunikation zwischen Ihnen und Ihren Mitmenschen besser wird, werden auch Ihre Beziehungen zu Ihren Mitmenschen eine verblüffende Veränderung erfahren. Wir brauchen uns hier nicht über offensichtliche Dinge auszulassen - wie etwa, dass Probleme bei den zwischenmenschlichen Beziehungen (zwischen Mann und Frau, Eltern und Kindern, Arbeitgeber und Arbeitnehmer) auf eine gestörte oder verunmöglichte Kommunikation zurückzuführen sind.

Was Ihnen dieses Buch geben wird, ist eine wirkliche Verbesserung Ihrer zwischenmenschlichen Beziehungen. Ehen werden besser, und gestörte Beziehungen werden sich von selbst verbessern.

Gespannte Menschen trauen sich nicht zuzuhören, aus Angst, sie müssten den anderen recht geben, was sie etwas kosten würde. Sie haben Angst, ihre Meinung zu ändern, ihre Lebensart, ja gar den Beruf zu wechseln und ihr religiöses Empfinden zu überdenken.

Für unsichere Menschen ist die Aussicht, Meinung und Einstellung ändern zu müssen, eine Bedrohung ihres schwachen Selbstwertgefühls.

Können Sie sich vorstellen, wie sehr es jemanden verunsichern würde, wenn er sein Leben und seine Einstellung änderte und sich dabei einer der wichtigsten Grundlagen seiner Selbstverwirklichung beraubte? Dies erklärt auch, weshalb eine mir bekannte Atheistin über alle Massen angespannt und - indem sie jegliche Wunder Gottes (von denen ich überzeugt bin, dass es sie gibt) a priori ausschliesst - zeit ihres Lebens zu ihrem Atheismus verurteilt ist. Dies ist schliesslich ihre Selbstverwirklichung. Spannung ist natürlich oft ein Selbstschutz-Mechanismus, den wir in Bewegung setzen, damit wir uns nicht einer Wahrheit stellen müssen, die uns ändern oder von anderem überzeugen würde. Dies könnte uns ja zwingen, neue Quellen unseres Selbstwertgefühls zu suchen

oder bestimmte Gefühle aufzugeben oder gar verkümmern zu lassen!
Ein Intellektueller - er war Atheist - besuchte einst unsere Kirche in Garden Grove, «um sich die Architektur anzusehen». Da in der Kirche nur wenige religiöse Symbole sind - Himmel, Gras und Bäume bilden die Hauptakzente -, fühlte er sich in seinem Innern nicht bedroht und konnte sich daher entspannen. Dank der grossen Entspannung vermochte er wirklich «zuzuhören» und die Botschaft der eindrucksvollen Wahrheit der Liebe zu vernehmen. Er fühlte, wie in seinem Innern etwas gegenwärtig war, und gab sich dem hin. Heute hat er ein gesundes Gefühlsleben, ist gläubig und von seinem neurotischen Unglauben geheilt. Er wirkt bei unserem Telephon-Seelsorgedienst, der 24 Stunden am Tag verzweifelten Menschen Hilfe bietet, aktiv mit.
«Es tut mir wohl zu wissen, dass Gott mich braucht, um verlorenen Menschen zu helfen, wieder den richtigen Weg zu finden», hat er mir einmal gesagt und hinzugefügt: «Dieses Gefühl gibt Befriedigung und Sicherheit und trägt zur Erfüllung des eigenen Ichs bei. Ich darf heute gar nicht mehr daran denken, dass ich mein Ich früher meisterhaft mit negativen intellektualisierenden Dingen nährte.»
Wir erkennen nun, wie das positive Denken (schöpferisches Zuhören) und innere Ruhe (tiefe Entspannung) Hand in Hand mit einer Kommunikationsfähigkeit gehen, die zu neuen und besseren zwischenmenschlichen Beziehungen führt, was aus uns gesündere und in jeder Hinsicht glücklichere Menschen macht.
Nichts, aber auch gar nichts ist wichtiger als innere Ruhe.
Lesen Sie weiter, und Sie werden diese kostbare Perle finden!
Ihr Leben wird sich so verändern, dass Sie buchstäblich «neu geboren» werden.

2. Die Quelle der Heiterkeit

Die Zahl der zerstörerischen, negativen Spannungen, welche uns die innere Ruhe rauben, ist so gross und weitreichend wie die Äste des Lorbeerbaums. Die Hauptwurzel jenes Baumes, der alle negativen Spannungen entwachsen, ist der Mangel an Selbstachtung oder ein negatives Eigenbild.

Wenn wir uns selbst missachten, unsere von Gott verliehenen Fähigkeiten geringschätzen und uns sagen: «Das kann ich nicht» und «Ich bin wertlos», dann haben wir ein unzulängliches Eigenbild, und dieses führt zwangsläufig zu geistigen und körperlichen Störungen.

Die moderne Medizin und die moderne Psychologie stimmen mit der modernen Theologie in diesem Punkt überein: Sich selbst richtig lieben ist eine wesentliche Voraussetzung für ein erfülltes, glückliches und erfolgreiches Leben.

Wenn Sie keine ausgeprägte Selbstachtung haben, ist es höchste Zeit, eine solche zu entwickeln. Schlagen Sie die Hauptwurzel jenes Baumes durch, und schauen Sie zu, wie die Blätter welken und die unreifen Früchte fallen. Lernen Sie sich selbst zu lieben, und unzählige Spannungen werden sich wie der Nebel in der Morgensonne auflösen. Mit zunehmender Selbstsicherheit werden die innere Ruhe und der schöpferische Geist in Ihnen wachsen.

Es ist eine Tatsache, dass jeder Mensch Probleme mit seinem Eigenbild hat. Wir alle sind mit einem negativen Eigenbild geboren worden. Die Bibel erzählt uns die Geschichte von Adam, der rein und vollkommen geschaffen worden war. Wie das Kind eines berühmten Vaters, das sich dagegen wehren will, immer in dessen Schatten stehen zu müssen, war Adam versucht, sich zu behaupten und zu sündigen. Als dies geschah, trennte er sich von Gott. Da er sich schuldig fühlte, versteckte er sich in den Büschen, damit er vom Allmächtigen nicht entdeckt würde. Seit Adam werden alle Menschen «in den Büschen geboren». Das ist die Erbsünde. Sie bedeutet, dass wir alle von Gott losgelöst geboren werden und demzufolge von Geburt an unter einem schrecklich schwachen und unsicheren Ich leiden. Dies ist eine andere Art zu sagen, dass wir alle mit einem negativen Eigenbild geboren sind. Das ist der wahre Kern der «Sünde».

Diese Entfremdung von Gott beraubt uns der Beziehung zu Gott, die Selbstsicherheit, Selbstbestätigung und Selbstvertrauen schafft, und so verarmen wir derart an Seele und Gemüt, dass wir unnütz, aufrührerisch und auf Eigennutz bedacht werden, und das alles nur, weil wir zu Beginn mit unzulänglicher Eigenliebe geboren werden. Erik Eriksons Studien zu den verschiedenen Entwicklungsstufen des Kindes tragen zur Klärung dieses Tatbestandes bei. Dr. Erikson, der «Vater der Kinderpsychiatrie», ist der Ansicht, dass der Mensch ohne Vertrauen und Zuversicht geboren wird. Dieser Standpunkt ist zutiefst eine theologische Ansicht: Wir alle werden mit einem negativen Eigenbild geboren. Auf irgendeine Weise müssen wir nochmals geboren werden und mit Vertrauen und mit Begeisterung über das ‹erwachen› und ‹hervortreten›, was wir als Menschen mit Gottes Hilfe sein können.

Was ist Eigenliebe?

Viele Leute missverstehen das Wort ‹Eigenliebe›. Diese hat nichts mit Narzissmus, Eitelkeit oder Selbstbewunderung zu tun. Eigenliebe heisst nicht, dass man in sich selbst verliebt ist oder ob seiner äusseren Erscheinung in Verzückung gerät. Eigenliebe ist nicht Selbstverherrlichung, ist nicht der ständige Versuch, die anderen Menschen mit der eigenen Bedeutsamkeit, mit der Stellung, die man innehat, oder mit den gewonnenen Preisen und erteilten Ehrungen zu beeindrucken.

Eigenliebe ist frei von Arroganz und Snobismus. Sie hat nichts mit jener herablassenden Haltung zu tun, die man anderen gegenüber einnimmt, wenn man sich ihnen überlegen fühlt. Sie bedeutet vielmehr, die anderen so zu lieben, wie man sich selbst liebt, ungeachtet ihrer Herkunft, ihrer Bildung, Rasse oder Religion.

Eigenliebe ist nicht Eigenwille. Eigenwille ist das defensive und im Kern gefährliche und dämonische Verhalten eines unsicheren, sich selber nicht liebenden Menschen. So, wie Eigenliebe der Grundpfeiler der inneren Ruhe ist, ist Eigenwille der überbordende Fluss der zerstörerischen Spannungen. Eigenwille ist der rohe, grobe und unbedachte Eigennutz, der sich in der Einstellung widerspiegelt: «Ich will, was ich will, wenn ich es will.» Eigenwille ist jene harte, unnachgiebige, sture Geisteshaltung eines Menschen, der in seinem Innersten zu unsicher ist, um je einen Kompromiss einzugehen, der so sehr bar jeglicher Eigenliebe ist, dass er nie grosszügig teilen kann, dem es so sehr an Selbstsicherheit fehlt, dass er einen Fehler niemals zugeben kann. Ein sturer Eigenwille ist das spannungerzeugende Verhalten eines zutiefst unsicheren Menschen. Welch ein Teufelskreis der Spannungen wird dadurch in Bewegung gesetzt! Es entsteht so ein geistiges Klima der Feindseligkeit, des Widerstreits, der Ressentiments, der Eifersucht und der Frustration, was natürlich wiederum neue Spannungen erzeugt, von denen jede dazu angetan ist, das verzweifelte, defensive und unsichere Verhalten des von Eigenwille beherrschten Menschen nur noch zu verstärken. Er wird von einem immer mächtigeren Strudel der Spannungen erfasst!

Was aber ist denn Eigenliebe?

Eigenliebe bedingt grundsätzlich Selbstachtung – das, was die alten Griechen «die Beziehung zum eigenen Ich» nannten. Dies lässt sich auf verschiedene Arten ausdrücken.

In der Bibel gibt es jene Stelle, die von der wahren Liebe spricht. Wenn wir nun vor das Wort ‹Liebe› das Wort ‹Eigen-› setzen, so lesen wir:

Eigenliebe ist geduldig und sanft.
Eigenliebe ist weder eifersüchtig noch prahlerisch.
Eigenliebe ist weder anmassend noch gewaltsam.
Sie ist nicht um ihrer selbst willen da.

Eigenliebe ist ein gesundes, stolzes Gefühl. Es bedeutet, stolz zu sein auf das eigene Ich. Es gibt viele Menschen ohne Eigenliebe, die sich ihrer Urahnen oder ihrer bescheidenen Herkunft schämen. Sie blicken mit Ehrfurcht auf diejenigen, die sich mit ihrer Abstammung brüsten.

Der berühmte englische Premierminister Disraeli wurde einmal von einem politischen Gegner verspottet, weil er Jude war. Er sagte darauf: «Ja, ich bin Jude, und als die Urahnen jenes ehrenwerten Herrn brutale Wilde auf einer unbekannten Insel waren, waren die meinigen Priester in Salomons Tempel.»

Der sich selbst liebende Mensch entwickelt und strahlt ein gesundes Selbstvertrauen aus. Der Mangel an Selbstvertrauen ist eines der Haupthindernisse der inneren Ruhe, des Glücks und des Erfolges im Leben. Denn das Selbstvertrauen ist der Glaube an die eigene Fähigkeit, Probleme anzupacken und zu lösen, lohnenswerte Aufgaben erfolgreich zu bewältigen. All dies stärkt unsere Seele so, dass wir uns den Herausforderungen des Lebens mit Gleichmut und Unerschütterlichkeit stellen.

Der selbstbewusste Mensch dagegen vermag offen und ehrlich zu sein. Er erkennt sich als ein einmaliges Individuum und strahlt charakterliche Integrität aus.

Seine Begeisterung ist echt und ansteckend. Nur ehrliche Menschen sind begeisterungsfähig. Unsichere Menschen halten ihre kleinen dunklen Geheimnisse vor den anderen versteckt. Deshalb entwickeln sie eine unsichtbare gespannte psychische Gefühlsschranke, die ständig vor ihrer natürlichen Begeisterungsfähigkeit ist. Dies ist ein angelernter Verteidigungsmechanismus, der einen davor bewahrt, «zuviel zu sagen» und «die Katze aus dem Sack zu lassen» und sich in seiner eigentli-

chen unerfreulichen Wesensart zu exponieren. Ehrliche Menschen sind dagegen wirklich frei. Sie sind auf natürliche Art begeisterungsfähig, weil sie nichts zu verbergen haben.
Der Mensch, der sich für sich selbst begeistern kann, ist selbstsicher und entspannt. Es fällt ihm nicht schwer, nachzugeben, einzulenken, seine Fehler zuzugeben und, wenn sich eine Situation in neuem Lichte darstellt, seine Meinung zu ändern. Statt eine Verteidigungshaltung einzunehmen, sucht er konstruktive Kritik. «Sehen Sie irgendwelche Unzulänglichkeiten in meinem Plan?» - «Sagen Sie mir bitte, wie ich meine Arbeit noch besser machen könnte» - «Was sind Ihre Vorschläge dazu?» So lauten die Fragen eines sich selber liebenden Menschen. Diese selbstsichere Einstellung setzt einen dynamischen Kreislauf in Bewegung. Dieser Mensch schafft ein Klima des Vertrauens, der Achtung und der Zuneigung. Die anderen Menschen werden ihm immer wohlwollender begegnen. Sie helfen ihm mit aufbauender Kritik weiter; dadurch verringern sich seine Fehler, vergrössert sich sein Erfolg und festigen sich seine Beziehungen zu den anderen Menschen, und alles zusammen verstärkt seine Selbstachtung. Er tritt in den herrlichen Kreislauf der inneren Ruhe: Er baut die Spannungen um sich herum ab und bringt in sein Leben und in das der anderen Frieden. Er ist auf dem richtigen Weg!
Sie erkennen nun, dass Eigenliebe tatsächlich der Schlüssel zu einer von Ruhe und Frieden erfüllten Wesensart ist. Während Sie im Hinblick auf eine starke Eigenliebe die nachfolgenden Grundsätze befolgen, verstärken sich gleichzeitig auch noch andere positive Züge Ihrer Persönlichkeit. So zum Beispiel die Entdeckung des eigenen Ichs, Selbstdisziplin, die persönliche Entfaltung und die Selbsthingabe. All dies trägt dazu bei, eine verantwortungsvolle Menschlichkeit zu gewinnen - sowohl der Zweck als auch das Mittel der inneren Ruhe.
Sobald wir uns zu entspannen beginnen, werden wir in uns selbst unzählige bisher unbenützte Quellen entdecken. So, wie die scheinbar tote Wüste erstaunliche Mengen Öl hervorbringt

und die ebenfalls scheinbar wertlosen, kahlen, wilden Berge wertvolle Bodenschätze enthalten, warten seelische und geistige Schätze, die tief in uns verborgen liegen, darauf, entdeckt und gehoben zu werden.

Hören wir auf die Worte von Jesus Christus in der Bergpredigt:

> Ihr seid das Salz der Erde.
> Ihr seid das Licht der Welt.

Er sagte zu uns allen: «Ihr seid jemand und braucht euch nicht davor zu fürchten, an euch selbst zu glauben - setzt eure Fähigkeiten ein und versucht, aus euch das zu machen, wozu ihr bestimmt seid.»

Schliesslich werden wir, wenn wir zu einem positiven Eigenbild gelangen, erfahren und spüren, dass Gott lebt, und wir werden ihn in uns tragen. Wenn wir Gott in unserem Bewusstsein erfahren haben, werden wir seiner leisen Stimme in unserem Innern noch mehr vertrauen. Dies führt zu einer unerhörten Steigerung unseres Selbstvertrauens!

Hier sind die elf Schritte, die zu entspannter Selbstsicherheit führen:

1. Lernen Sie eine Herausforderung schöpferisch handhaben.
Nichts nimmt uns unsere innere Ruhe so sehr und nichts lässt in uns solche Unmengen von quälenden Spannungen (Eifersucht, Ressentiments, Ärger, Minderwertigkeitsgefühle, Schuldgefühle) zurück wie eine Herausforderung, die unsere Eigenliebe zu verletzen droht. So, wie das Wasser einst die alten Mühlräder drehte, um aus dem Korn Mehl zu mahlen, ist der Wettbewerb ein starker Strom, der uns von der Geburt an bis zum Tode treibt.

Wird die Herausforderung - ähnlich dem Wasser - einem unkontrollierten Fluss negativer Gedanken überlassen, so kann sie unsere Selbstachtung zerstören. Wird sie dagegen

durch das positive Denken kontrolliert, wird sie zur dynamischsten und konstruktivsten der menschlichen Antriebskräfte. Schon kurz nach der Geburt schreit das Neugeborene nach Nahrung und fordert so - in einer Art Wettbewerbssituation - die Aufmerksamkeit der Mutter heraus. Das Kleinkind steht dann der Spielsachen wegen im Wettbewerb mit andern. Das Kind fordert einen Elternteil heraus, um des andern Aufmerksamkeit zu erlangen. Bruder und Schwester wetteifern um Aufmerksamkeit und Anerkennung. In der Schule steht das heranwachsende Kind mit seinen Klassenkameraden im Wettbewerb. Wie mancher zum Misserfolg neigende, sich selbst hassende Mensch geht voller Spannungen durch das Leben, weil er in seiner Kindheit oder in seiner Jugend immer wieder willentlich die Niederlage suchte, um dadurch Herausforderungen und Auseinandersetzungen zu vermeiden. Dabei sind diese der Preis, der für Erfolg nun einmal zu zahlen ist.
So darf man sich in Wettbewerbssituationen nicht verhalten, wenn man die innere Ruhe erlangen will. Eine solche Reaktion auf eine Herausforderung würde einen mit dem Bewusstsein zurücklassen, dass man eine Chance verpasst hat, über sich selbst hinauszuwachsen. Und ein die Eigenliebe zutiefst beschämendes Gefühl stellt sich daraufhin ein.
Das grosse Geheimnis, dem Wettbewerb und der Herausforderung erfolgreich zu begegnen, heisst positives Denken. Richten Sie sich nach sich selbst - nicht nach den andern, und konzentrieren Sie sich auf sich - und nicht auf die anderen. Wetteifern Sie mit sich selbst, und Sie können nicht verlieren! Wenn Sie im Kampf mit sich selbst verlieren, wer gewinnt dann? Sie natürlich! Versuchen Sie, Ihre bisher errungenen Erfolge laufend zu verbessern. Tun Sie das über Jahre hinweg. Sie werden staunen, wie weit Sie gelangen werden! Und zwar nicht nur beruflich und gesellschaftlich, sondern auch in Ihrem seelischen Wohlbefinden.
Sie werden gelernt haben, die Angst vor dem Misserfolg zu besiegen, sich über sie hinwegzusetzen. Denn ein Mensch, der

mit sich selbst wetteifert, ist über mögliche Misserfolge erhaben. Denken Sie stets daran: Sie gewinnen immer, wenn Sie mit sich selbst im Wettbewerb stehen!

2. Seien Sie selbst Ihr bester Helfer. Wenn Sie wüssten, dass es eine Verschwörung gibt, um Sie zu unterdrücken, so wüssten Sie, dass Sie einen Feind haben. Wenn dieser Ihre besten, brillantesten und grössten Ideen zunichte machen würde, bevor Sie sie auch nur darlegen konnten, wären Sie sehr wahrscheinlich verärgert. Stimmt's?

Nein! Denn bislang gab es einen solchen Feind, der Sie auf diese Art behandelt hat, und Sie haben ihn still, ergeben und ruhig gewähren lassen! Dieser Feind, der Sie mehr als irgend etwas anderes oder irgend jemand anders unterdrückt, sind Sie selbst! Denn kein anderer hat schon so viele Ihrer grössten und besten Ideen zerstört! «Das ist unmöglich», sagten Sie sich immer, sobald Ihnen eine gute Idee gekommen war. Die Wahrheit ist, dass Sie die grössten Ideen, die Sie je hatten, verworfen haben, kaum dass sie Ihnen kamen. Mehr als alles andere trägt dies zu ungenügenden Ergebnissen bei. Dies führt, genauso wie jeder andere soziale, psychologische oder geistige Faktor, zum menschlichen Misserfolg und in der Folge zu mangelnder Selbstachtung.

Um ein positives Eigenbild aufzubauen, seien Sie von nun an selbst Ihr bester Helfer, indem Sie ernsthaft auf Ihre eigenen guten Ideen eingehen. Unterstützen Sie Ihre Träume durch positives Denken, und Sie werden sehen, wie eine phantastische, aber unmögliche Idee Gestalt annimmt und zur Möglichkeit wird. Machen Sie sich diese Denkart zur Gewohnheit, die Gewohnheit wird zur Lebensart, und diese Lebensart wird Sie mit unbezahlbarem Selbstwertgefühl belohnen.

Verschwendung ist immer etwas Schreckliches, aber keine Verschwendung ist bedenklicher als die Verschwendung der besten, grössten und brillantesten Ideen, die Gott uns übermittelt.

3. Suchen und entwickeln Sie einen Vorgehensplan, wie Sie Ihren eigenen Unzulänglichkeiten begegnen wollen. Sobald Sie in der Lage sind, Ihre eigenen Unzulänglichkeiten zu akzeptieren und ihnen konstruktiv zu begegnen, werden Sie beim Aufbauen eines gereiften und sicheren Eigenbildes gewaltige Fortschritte machen.

Zunächst einmal: Strengen Sie sich an, geben Sie aber nicht vor, vollkommen zu sein. Seien Sie bereit, sich selbst als einen unvollkommenen Menschen zu akzeptieren. Zögern Sie nicht, bei sich und bei den anderen Menschen eine Entspannung herbeizuführen, indem Sie Ihre Fehler und Unzulänglichkeiten zugeben. Denken Sie daran, dass es keinen sündenfreien Priester, Pastor oder Rabbi gibt, keine vollkommene, fehlerfreie Mutter, keinen Lehrer, der alle Antworten wüsste, keinen Richter, der nicht schon falsch geurteilt hätte. Überaus wichtig ist, dass Sie Ihre Stärken und Ihre Schwächen klar und deutlich kennen. Konzentrieren Sie sich darauf, die positiven Seiten Ihrer Persönlichkeit zu pflegen, zu verstärken und auf ein Höchstmass zu entwickeln und gleichzeitig den schwächeren Seiten unmittelbar, offen und stark entgegenzutreten. Versuchen Sie überlegt und unablässig, die negativen Einflüsse in Ihrem Leben zu verringern oder gar auszuschalten.

Verteidigen Sie sich im Verlaufe dieser Entwicklung nicht wegen Ihrer Fehler. Wenn die anderen oder Ihr negatives Ich Sie unter Beschuss nehmen, machen Sie das entspannende Eingeständnis: «Ich weiss es. Ihr habt recht. Das ist einer meiner Fehler. Ich arbeite an mir, und das ist eine herrliche Aufgabe und Herausforderung.»

Verlieren Sie den Mut nicht, und geben Sie sich nicht geschlagen, wenn der Weg zur persönlichen Vollkommenheit lang oder gar falsch zu sein scheint.

Heucheln Sie nicht, und geben Sie nicht vor, jemand zu sein, der Sie nicht sind. Ein Heuchler ist nämlich nicht einer, dem es gelingt, seinen eigenen Massstäben entsprechend zu leben. Das ist die Definition des Menschen überhaupt. Ein Heuchler ist einer, dem es nicht gelingt, seinen eigenen Massstäben entsprechend zu leben - dabei aber den falschen Eindruck zu erwecken versucht, er sei perfekt.

Wie können Sie nun aber Ihre Stärken und Schwächen verlässlich einschätzen? Suchen Sie einen bewährten, wahren und vertrauensvollen Freund, und bitten Sie ihn um seine Beurteilung. Sie werden über das, was er Ihnen sagt, staunen. Denn wir alle neigen dazu, unsere Selbstbeurteilung zurechtzubiegen. Das Bild, das wir von einem ehrlichen Menschen über uns erhalten, ist wie die Photographie, die jemand von uns gemacht hat, bei der wir fragen: «Sehe ich wirklich so aus?»

Eine Warnung - aber auch eine Ermutigung, die ich Ihnen geben will: Sie müssen damit rechnen, dass Ihre schwächsten Seiten im Bereiche der stärksten liegen und umgekehrt. Jede menschliche Schwäche enthält eine Stärke, und jede menschliche Stärke enthält eine Schwäche.

Bescheiden? Scheu!

Still? Sie sprechen nicht laut und oft genug!

Begeistert? Sie sprechen zuviel!

Angriffslustig? Sie gehen zu heftig vor!

Ungestüm? Sie schüchtern die anderen Menschen ein!

Was sollen Sie damit anfangen? Lernen Sie, sich als aufwärts strebenden, sich entwickelnden, kämpfenden, erfolgreichen, aber unvollkommenen Menschen zu begreifen. So werden Sie sich bald über sich als unvollkommenen, aber wundervollen Menschen freuen können.

4. Vergeben Sie sich Ihre früheren Fehler. Tragen Sie sich selber nicht Fehler nach, die Sie in der Vergangenheit gemacht haben, und wenn es auch erst gestern gewesen sein sollte. Jeder Tag ist ein neuer Anfang. Denken Sie daran, dass Gott Ihnen vergeben hat. Vergeben Sie sich jetzt selbst. Sagen Sie sich immer wieder: Gott lebt in mir - Gott hat mir vergeben - ich habe mir selbst vergeben. Und wenn Sie wieder einmal versucht sind, Gefühle des Bedauerns zu hegen und dabei den

Satz «Hätte ich nur ...» zu sagen, so blicken Sie in die Zukunft und sagen Sie: «Das nächste Mal werde ich es machen.»

5. Akzeptieren Sie sich dort, wo Sie sich nicht ändern können. Lernen Sie sich selber akzeptieren. Ärgern Sie sich nicht über Ihre Gesichtsform oder über Ihre Hautfarbe. Seien Sie nicht über Ihre Stimme verdrossen oder über die Tatsache, dass Sie zu gross oder zu klein sind. Als Fernseh-Pfarrer habe ich schon mehr als eine Miss America interviewt: Jedes dieser schönen Mädchen fand irgendeinen Teil oder einen Zug seines Körpers unschön. Diese körperlichen Eigenschaften gehören nun einmal zu Ihnen. Sie können sie nicht ändern. Gott hat Sie so, wie Sie sind, geschaffen, weil er wollte, dass Sie so sind. Keine Schneeflocke gleicht der anderen, und kein Mensch ist genau gleich wie der andere. Sie sind ein Individuum. Es gibt nur einen Menschen wie Sie, und Gott liebt Sie, so wie Sie sind. Sie sollten sich auch lieben.

6. Verändern Sie sich ständig, um sich zu verbessern. Versuchen Sie, sich zu verbessern. Ihre vielschichtige Persönlichkeit ist von grösster Vielfalt und kann durch verschiedene Umstände und Verhältnisse verändert werden. Sie können sich zum Guten oder zum Schlechten ändern. Zudem steht es Ihnen frei, das eine oder das andere zu wählen.
Es gibt Menschen, die nicht glauben können, dass man sich ändern kann. Vielleicht glauben sie, man könne sich nur in einigen wenigen, unbedeutenden Lebensbereichen ändern, nicht aber in den grossen, gewichtigen Charaktereigenschaften. In Tat und Wahrheit verändern sich aber die Menschen, und mit Gottes Hilfe können auch Sie sich verändern.
Clinton T. Duffy vom San-Quentin-Gefängnis war für die soziale Wiedereingliederung vieler seiner Häftlinge verantwortlich. Er hat es immer wieder erlebt, wie viele von ihnen vom Gewohnheitsverbrecher, der die Gesellschaft beraubte, zum nützlichen Gemeinschaftsglied wurden, das der Gesellschaft mehr zurückgab, als es ihr je genommen hatte.

Eines der Mitglieder der Behörde, der das gesamte Gefängniswesen untersteht, war ein Zyniker, für den sich der menschliche Charakter, sobald er einmal gefestigt ist, im wesentlichen nicht mehr ändern lässt. Er kleidete seinen Zynismus in die negativen Worte: «Leoparden ändern ihre Flecken nicht.» Duffys Antwort - sie brachte den Kritiker zum Verstummen -: «Lassen Sie sich gesagt sein, dass wir in San Quentin keine Leoparden haben, sondern Menschen. Und Menschen können sich ändern und tun es auch.»
Nun sind wir Menschen bekanntlich alles andere als vollkommen. Sie und ich, wir haben Bereiche, wo wir uns verbessern können. Sie können den Entschluss fassen, es künftig besser zu machen, und ich prophezeie Ihnen, dass Sie es schaffen, denn Sie sind jetzt schon darum bemüht: Sie lesen ein Buch über Selbstverbesserung. Lassen Sie sich durch neue Umstände, neue Verpflichtungen und neue Erfahrungen in einen besseren, prachtvolleren Menschen verwandeln - so wie es Ihnen bestimmt ist!

7. Setzen Sie sich für eine grosse Sache ein. Befassen Sie sich mit einer Aufgabe, die zeit-, ziel- und wertmässig über Ihr einsames Leben hinausgeht. Mit dem Zugehörigkeitsgefühl stellt sich auch ein starkes Selbstwertgefühl ein. Wie immer diese Aufgabe ist - ob politisch, religiös, sozial oder humanitär -, setzen Sie sich für etwas ein, das weitumfassend und bedeutungsvoll ist. Nehmen Sie daran teil. Treten Sie ins Licht der Öffentlichkeit. Übernehmen Sie Verantwortung. Sie werden an Eigenliebe gewinnen, weil Verantwortung das Bedürfnis, gebraucht zu werden, stillt. Eigenliebe, dieses herrliche Wohlgefühl, stellt sich ein, wenn wir wissen, dass wir mit unserem Leben zur menschlichen Gemeinschaft etwas beitragen. Die Ausrede, man werde nicht gebraucht, gibt es in einer Welt überhaupt nicht, in der so viele arme und verlassene Menschen verzweifelt auf ein besseres Leben hoffen, auf jemanden warten, der ihnen hilft, der ihnen zuhört.

8. Glauben Sie an Ihren Erfolg. Nichts führt so schnell zur Selbstachtung wie der Erfolg. Nichts verringert die Selbstachtung rascher als der Misserfolg. Ich habe viel über den Erfolg geschrieben, denn ich weiss, wie zerstörerisch sich das Gefühl der Niederlage auf das menschliche Eigenbild auswirkt. Sie können erfolgreich sein, wenn Sie sich den unerschütterlichen Glauben an Ihre Fähigkeit geben, Ihr privates und berufliches Leben erfolgreich zu gestalten. Glauben Sie daran, dass Sie als Ehemann oder Ehefrau, als Mutter oder Vater, als Mitglied eines Vereins oder der Kirchgemeinde, als Mitglied einer politischen Partei oder als Sportler Erfolg haben können.

Immer wieder hört man Leute sagen: «Ich glaube das erst, wenn ich's gesehen habe.» Diese Aussage ist psychologisch falsch. Sie muss richtig so lauten: «Ich muss es glauben, bevor ich es sehen kann.» Machen Sie jetzt den Anfang, indem Sie für sich eine Traumwelt des Erfolgs aufbauen. Denken Sie an die Worte von Thoreau:

> Wenn man zuversichtlich in die Richtung seiner Träume vorstösst und sich getraut, ein Leben, wie man es sich vorstellt, zu leben, wird man einen Erfolg haben, wie man ihn für gewöhnlich nicht erwartet.

9. Lieben Sie sich selbst. Wagen Sie es, sich selbst zu lieben. Viele Menschen misstrauen der Eigenliebe zutiefst und fürchten sich vor ihr. «Ich könnte dadurch unbescheiden werden», denken sie, «ich will kein arroganter Egoist oder Snob werden.» Dazu sind dreierlei Einsichten notwendig:

Es ist Gott ein leichtes, uns zu demütigen, aber es ist für ihn sehr schwer, in uns unseren Glauben an uns selbst zu erhalten.

Der wahrhaft sich selbst liebende Mensch ist innerlich gefestigt und so selbstsicher, dass er auf natürliche und ehrliche Weise bescheiden ist. Das erklärt wiederum, weshalb wirklich grosse Menschen sehr entspannte und entspannende Menschen sind. Sie geben sich weder geziert noch überheblich. Sie brauchen andere nicht mit ihrer Wichtigkeit zu beeindrucken. Was ist denn Bescheidenheit? Bescheidenheit besteht nicht darin, dass man weniger an sich denkt, sondern dass man mehr an die anderen denkt.

Der sich selbst liebende Mensch getraut sich, ein offener und ehrlicher Mensch zu sein, und weil er sich dies getraut, wird er zwangsläufig zu einem solchen Menschen. Er ist innerlich genügend frei, um auch von sich selbst auf ehrliche Art begeistert zu sein.

Es ist durchaus denkbar, dass wir diese natürliche Ungezwungenheit, mit der ein Mensch positiv über sich selbst spricht, als mangelnde Bescheidenheit auslegen. Dann aber haben *wir* ein Problem! Nicht er! Wir haben ein Vorurteil; unsere falsche Beurteilung ist im Grunde genommen eine Freudsche Fehlleistung, die unseren eigenen Mangel an solch reifer Freiheit, dank der wir ebenso offene und ehrliche Menschen sein könnten, an den Tag bringt.

10. Versuchen Sie in allem, was Sie machen, hervorragend zu sein. Aussergewöhnliche Leistungen wirken Wunder: Sie stärken das eigene Ich. Das Selbstgefühl jedes Menschen muss ständig genährt werden. Der Drang nach hervorragender Leistung darf aber nicht als Fehlleistung des Ichs missverstanden werden. Er ist viel eher ein Dienst an Gott.

Gott gibt uns die grossen Chancen und die brillanten Ideen und macht uns dadurch zu den Verwaltern dieser vom Himmel gesandten Edelsteine. Unsere Verantwortung liegt nun darin, diese göttlichen Träume voller Achtung und Ehrfurcht zu empfangen und zu vollenden, indem wir sie verwirklichen. Und wenn wir dann zum Quell allen schöpferischen Begreifens zurückkehren, legen wir Gott etwas Errungenes vor, das ein würdiges Geschenk für einen fehlerlosen Herrn ist.

Wenn wir von seinem Geiste inspiriert sind, werden wir unablässig und zwangsläufig zu Aussergewöhnlichem angeregt. Unsere grundlegende Ehrlichkeit gestattet uns, uns voll und ganz dafür einzusetzen, Gott eine vollendete Leistung darzubringen, etwas ohne Fehl und Tadel. Der Drang nach Aussergewöhnlichem ist unser bester Antrieb, eine göttliche Gabe möglichst gut zu entwickeln und anzuwenden.

Das Streben nach Aussergewöhnlichem ist somit unser edelster Dienst an Gott. Wir verherrlichen Gott, wenn wir seine Kinder zu aussergewöhnlichen Menschen machen. Und wir machen uns selbst dazu, wenn wir Gott eine Idee zurückgeben und dabei im Innersten unseres Herzens wissen, dass unsere Leistung – ohne vollkommen zu sein – im Wetteifern mit unserem eigenen Ich tatsächlich hervorsticht!

Wenn Hervorragendes das Selbstgefühl stärkt, so lässt Mittelmässigkeit dagegen die Selbstachtung verkümmern.

Setzen Sie sich hohe moralische Ziele, und versuchen Sie, danach zu leben. Sie werden eine vorübergehende «Versuchungsspannung» heiter und froh ertragen, denn Sie gewinnen dafür jene andauernde innere Ruhe, die letztlich der Lohn eines durch Selbstdisziplin gestärkten Menschen ist, welcher durch seine Selbstverleugnung und seine Hingabe an ein herrliches, schöpferisches, aufbauendes und beglückendes moralisches Ideal mit Erfolg einen mit Stolz erfüllenden, moralisch einwandfreien Charakter erringt.

Während sie Ihre Eigenliebe verstärken, heben Sie das allgemeine Niveau der Selbstachtung der Gemeinschaft an, in der Sie leben. Genauso, wie sich im Sport und im Theater die Zuschauer mit dem Geschehenen und Erlebten identifizieren und sich selbst als Schauspieler oder Athleten sehen, werden Ihre Mitmenschen dank Ihren moralischen Leistungen mit Stolz erfüllt sein, wenn sie Sie bei Ihrer edlen und herausragenden Tätigkeit beobachten.

Sie werden das allgemeine Niveau der Selbstachtung der Gemeinschaft mehr anheben, als Sie es sich vorstellen können. Wenn Sie plötzlich erkennen, dass Sie als ein einzelner wunderbarer Mensch das Selbstwertgefühl der Menschheit um einiges anzuheben vermochten, dann wird Ihre Eigenliebe

noch grösser. Dies bedeutet nichts anderes, als dass alle Menschen miteinander verbunden sind.
Ja, wir alle sind Blutsverwandte. Wir alle stammen von den gleichen Vorfahren ab - von Adam und Eva. Da wir alle blutsverwandt sind, wirkt sich das, was einer von uns macht, bei allen anderen auf irgendeine Weise und zu irgendeiner Zeit aus. Wenn sich mein Bruder beispielsweise einen ehrenwerten Namen und einen guten Ruf schafft, so sage ich voller Stolz: «Das ist mein Bruder.» Wenn er sich in der Öffentlichkeit schamlos aufführt, werde ich in Verlegenheit gebracht.
Wenn ich also etwas tue, das - so angenehm und befriedigend es für mich persönlich sein mag - mich oder einen anderen Menschen entwürdigt, so beschäme ich auch meine Mitmenschen und trage demzufolge zu einem niedrigeren Niveau der menschlichen Selbstachtung bei.
Die moderne Einstellung, wonach jeder das tun soll, was ihm beliebt, und dass alles gut ist, was Spass macht und niemandem schadet, diese heutige Einstellung ist unlogisch, widersinnig, unendlich gefährlich und im Keime teuflisch. Diese unbesonnene, rücksichtslose Nüchternheit ist nichts anderes als die verantwortungslose Haltung eines verderbten, egoistischen und zutiefst unmoralischen Menschen, der so argumentiert, um das, was er will, zur gewünschten Zeit zu bekommen.
Die Unmoral fragt: «Was will und geniesse ich?»
Die Moral fragt: «Was ist richtig und am besten?» Die Moral oder Unmoral jedes Menschen wirkt sich auf das seelische Wohlbefinden seiner Mitmenschen aus. Unsere Einheit und Zusammengehörigkeit ist wie die eines Organismus.
Dies war der Grund, weshalb ich mich niedergeschlagen, erniedrigt und in Furcht versetzt fühlte, als ich in Washington durch die offenstehende Tür eines Hotelzimmers trat und sich mir ein Anblick unbeschreiblicher Zerstörung bot, die ein Gast hinterlassen hatte. Splitter von zerschlagenen Gläsern lagen auf dem Boden herum, aber auch auf den Tischen, den Stühlen, dem Bett und dem Schreibtisch! Es sah aus, als wären

Dutzende von schönen Weingläsern zerschlagen und die Splitter dann wie Saatgut ausgestreut worden. «Wer? Warum?» fragte ich den schockierten Hotelpagen, der im Zimmer stand. «Ich weiss nicht. Ich verstehe das nicht», sagte er traurig.
«Was mir weh tut», fügte er hinzu, «ist, dass diese entsetzliche Sache nicht von Hunden, Pferden oder Affen gemacht wurde, sondern von Menschen. Von Mitmenschen. Meinen Verwandten! Sie haben mich damit entwürdigt.» Meinem Freund Abby Van Buren erklärte ich: «Dies ist auch der Grund, weshalb es falsch ist, Selbstmord zu begehen. Jede private Tat, die – indem sie an die Öffentlichkeit dringt – sich wie eine unheilvolle Nachricht verbreitet und die Selbstachtung eines anderen Mitgliedes der menschlichen Familie verletzt, ist ungerecht! Ob sie nun mir selbst Spass macht, meinem persönlichen Geschmack zusagt, meine Frustration abbaut oder mir meine Einsamkeit nimmt!»
Leben Sie ein Leben mit hohen moralischen Grundsätzen. Dadurch entwickeln Sie nicht nur Ihre eigene Liebe für sich selbst, Sie entwickeln und fördern gleichzeitig auch das kollektive Bewusstsein der Eigenliebe in der Gesellschaft, und Sie werden, mehr als Sie sich je denken und vorstellen können, in Ihrer Gemeinschaft zur Schaffung einer Atmosphäre der Achtung und des Stolzes beitragen. Hier setzt die Lösung aller sozialen Probleme ein, ob Verbrechen, Ungerechtigkeit, Rassenhass oder Ausbeutung! Denn stolze Menschen geben der Sünde nicht leicht nach.
Mit derselben Ehrfurcht und Sorgfalt, mit der ein Archäologe gewaltige Ruinen durchsucht, um die unermesslichen, herrlichen Schätze einer strahlenden vergangenen Zivilisation zu entdecken, zu heben und freizulegen, mit dieser Ehrfurcht und Sorgfalt sollen Sie in den Gefilden der grossen moralischen Traditionen die höchsten und edelsten moralischen Werte suchen. Nehmen Sie sie in Ihr Herz auf. Machen Sie sie zur Verfassung, nach der sich Ihre Lebensgesetze richten. Genauso, wie ein Land Anarchie, Verschwendung und

Unordnung zu vermeiden sucht, indem es sich nicht von den Launen, Moden und Einfällen eines Zeitgeistes, sondern durch verfassungsmässige Gesetze regieren lässt, soll auch Ihr Leben nicht zu einem Schlachtfeld werden, auf dem vergängliche Vergnügen Ihre Achtung und Ihren Stolz vernichten. Entwickeln Sie vielmehr einen starken Charakter, der von einem in Gott verankerten Gewissen gelenkt und gesteuert wird!

11. Helfen Sie schliesslich den anderen beim Erringen der Eigenliebe. Denken Sie immer daran - vor allem dann, wenn Sie jemand grob und hart behandelt -, dass jeder Mensch, der Ihnen begegnet, auch mit seiner Eigenliebe einen Kampf austrägt. Um eine wirklich grosse und bleibende Eigenliebe aufzubauen, befassen Sie sich am besten mit Ihnen bekannten Menschen, deren zusammengeschrumpfte Selbstachtung starker Stützen bedarf. Sie werden feststellen, dass es viele niedergeschlagene und entmutigte Menschen gibt. Sie haben noch nicht wie Sie gelernt, eine starke Eigenliebe zu erringen. Sie verfügen noch nicht über das grundlegende Wissen, wie man mit Herausforderungen umgeht, was man mit seinen Vorstellungen und Träumen macht und wie man seinen Unzulänglichkeiten begegnet.
Sie können diesen Menschen helfen. Teilen Sie Ihren Erfolg mit ihnen. Welch überraschender Preis wartet auf Sie! Sie werden sich noch mehr bewusst, welch wunderbarer Mensch Sie sind. Sie werden dann diesen Grundsatz befolgt und erprobt haben: Wenn ein Mensch sein Leben retten will, muss er es verlieren. Und wenn ein Mensch sein Leben verlieren will, wird er es finden.
Sobald Sie eine starke Eigenliebe errungen haben, sind Sie von einer Vielzahl negativer Spannungen befreit. Mit einem positiven Eigenbild vermögen Sie innere Spannung und Sorge durch innere Ruhe, Harmonie, Kraft und Kreativität zu ersetzen.

3. Wie man Spannungen schöpferisch abbaut

Von allen Geschöpfen und Schöpfungen Gottes hat der Mensch als einziges Wesen die innere, geistige Veranlagung zum Angespanntsein.

Mit der Spannung sagt uns Gott, dass wir Menschen lebende, denkende und fühlende Organismen sind, weil wir geistige Wesen sind.

Die Mineralien, die im Innern oder an der Oberfläche der Erde vorkommen, fühlen nichts. Pflanzen reagieren auf Sonne, Wasser, Schmutz und Dünger; trotz vereinzelten Forschungsergebnissen glaube ich aber nicht, dass Pflanzen gefühlsmässig auf Spannungen reagieren. Tiere sind für komplexe Spannungen und Gefühle, wie wir Menschen sie erleben, unempfänglich.

Nur der Mensch ist der gefühlsmässigen Spannung fähig, denn er ist das einzige geistige Wesen, das auch in einer physischen Gestalt, dem Körper, existiert. Wenn dies eine negative Tatsache ist, so ist die Tatsache positiv, dass wir – als «Seelen in Körpern» – die unglaubliche Fähigkeit besitzen, eine umfassende, dynamische geistige Beziehung zu erleben. Wenn wir im Einklang mit Gott leben und unser Herz, unsere Seele und unser Geist in Harmonie sind, bauen wir unsere Spannungen ab und beginnen das Leben in dieser herrlichen Welt zu geniessen.

Spannungen sind ein Anzeichen dafür, dass in unserem Inneren Zwietracht herrscht. Wenn wir physisch krank sind, setzt der Arzt ein physisch wirkendes Heilmittel ein. Wenn wir an einer geistigen Krankheit wie z.B. der Spannung leiden, ist ein geistiges Heilmittel angezeigt.

Beachten Sie die geistigen Einstellungen, die wir in diesem Abschnitt behandeln. Sie zeigen den Weg, wie Sie in Ihrem Leben Spannungen abbauen können. Befolgen Sie die Anweisungen in vollem Vertrauen; Sie werden dadurch ein Ruhe-Kontrollzentrum in Ihrem innersten Bewusstsein entwickeln. Die ersten beiden der vier Übungen sollten Sie jeweils machen, kurz bevor Sie abends zu Bett gehen.

1. Säubern Sie Ihren Geist

Bei dieser Übung lernen Sie Ihren Geist säubern. Dies bedeutet, dass Sie Ihren Geist von negativen, zerstörerischen, deprimierenden Gedanken und Gefühlen befreien und diese durch reine, frische, positive und schöpferische Gedanken und Gefühle ersetzen. Genau so, wie man beim Öffnen des Fensters die abgestandene, rauchige und schwere Luft aus dem Zimmer hinauslässt und sie durch reine und frische Luft ersetzt, machen Sie dies mit Ihrem Geist.

Norman Vincent Peale, der Autor des grossartigen Buches «Die Kraft positiven Denkens» (Oesch Verlag, Thalwil), erzählt, wie er zu Beginn seiner Karriere sich an einem Sonntag abend nach einem schlechten Tag, an dem ihm alle seine Predigten misslungen schienen, entmutigt fühlte. In dieser Stimmung besuchte er einen Freund, der eine Apotheke besass. Er vertraute seinem Freund an, dass er sich womöglich für den Kirchendienst nicht eigne.

Der Apotheker nahm Peale in den Hinterraum, wo er jeweils seine pharmazeutischen Präparate mischte, und sagte zu ihm: «Dein Problem besteht darin, dass du es zulässt, dass dein Gefühl der Unzulänglichkeit, deine Mutlosigkeit und dein Eindruck, erfolglos zu sein, sich in deinem Geist wie ein Abfallhaufen auftürmen. Ich rate dir, das zu tun, was ich am Ende des Tages immer mache: Ich nehme all die negativen Gefühle und Stimmungen, die sich in mir angesammelt haben, öffne gewissermassen die Fenster meines Geistes und werfe diese Gefühle buchstäblich hinaus.»

Dies war ein wundervoller Ratschlag. Die Bibel sagt: «Die

Sonne soll nicht untergehen über einem Zorn.» Das will heissen: Nimm all die Kränkungen, den Verdruss und die ungelösten Probleme des Tages nicht mit in den Schlaf. Sonst erwachen sie mit dir am kommenden Morgen, sind womöglich noch stärker und gewaltiger und beherrschen und zerstören dein Leben noch mehr als zuvor.

Wenn Sie sich abends zu Bett legen, so nehmen Sie Ihre Misserfolge, Kümmernisse, Schuldgefühle, Ängste und Gefühle der Unzulänglichkeit und Entmutigung nicht mit. Die Stimmung von morgen früh wird heute abend geboren. Ist es nicht eigenartig, wie wir Menschen dazu neigen, unglücklichen Erfahrungen und negativen Seiten unseres Lebens nachzusinnen und uns daran zu klammern, statt sie auszumerzen? Wir nähren sie geradezu!

Auf einer Reise nach England beobachtete ich, wie riesige Lastkähne mit Müll aus den Städten beladen von Schleppern aufs Meer hinaus gezogen wurden. Als die Schiffe weit genug vom Land entfernt waren, wurden Hebel betätigt, worauf sich die Kähne unten öffneten und den Müll in die Tiefen des Ozeans versenkten. In einem gewissen Sinne ist es das, was wir jeden Abend machen müssen – unseren Geist öffnen und den Müll ablassen.

Wie machen wir das? Durch das Gebet. Diese Gewohnheit scheinen viele Menschen aufgegeben und vergessen zu haben. Es gab eine Zeit, da beinahe alle ihre Abendgebet sprachen. Den Kindern lehrte man einfache Gutenachtgebete, und wenn die Kinder erwachsen wurden, übernahmen sie diese Tradition. Vielfach beteten die Familien zusammen.

Suchen Sie ein Gebet, das Ihnen etwas bedeutet. Es gibt viele Gebetsammlungen. Oder lesen Sie einen der Psalmen.

Gewöhnen Sie sich an, Ihren Geist jeden Abend zu säubern. Wenn Sie dies Abend für Abend tun, werden Sie spüren, wie sich ein neues Gefühl des Friedens und der Ruhe Ihrer bemächtigt. Sie schütten so all das Schlechte aus, das sich tagsüber angesammelt hat. Klammern Sie sich nicht daran.

Stellen Sie sich vor, dass Christus die Fenster Ihres Geistes öffnet. Schliessen Sie die Augen; denken Sie an ein offenes Fenster, von dem aus man das herrliche ruhige Meer sieht. Die verbrauchte Luft im Innern strömt hinaus, und die frische, reine Meerluft weht herein. Sie ist frisch, wohltuend und rein. Beten Sie jetzt.

2. Erleben Sie die Dinge voraus

Jetzt sind Sie für die zweite Übung bereit. Füllen Sie Ihren Geist mit positiven Vorstellungen. Denken Sie an die grossen Dinge, die Sie leisten werden. Sagen Sie sich: Das Morgen wird besser sein; morgen wird ein herrlicher Tag sein. Vielleicht wiederholen Sie auch mehrmals diesen Bibel-Vers: «Morgen wird der Herr unter euch Wunder tun» (Josua 3,5).
Es gab einen Radiosprecher, der die Sendungen immer mit den Worten beendete: «Wer immer Sie sind und in welcher Lage Sie sich immer befinden - morgen geht die Sonne wieder auf.»
Richten Sie jeden Morgen beim Aufwachen Ihre Gedanken auf die positiven Seiten Ihres Lebens; denken Sie an Ihre Pläne, Ihre Erwartungen, an das Gute im Leben, nicht ans Schlechte.
Der Schriftsteller Henry Thoreau schrieb, dass er jeden Morgen vor dem Aufstehen im Bett zu liegen pflegte und sich alle nur denkbaren schönen Dinge seines Lebens sagte. So sagte er sich beispielsweise: «Heute bekomme ich eine erfreuliche Nachricht - eine wirklich erfreuliche Nachricht. Ich lebe. Das ist eine herrliche Nachricht. Und ich habe Freunde.»
Jeden Sonntag beginne ich den Gottesdienst mit diesen Worten aus den Psalmen: «Dies ist der Tag, den der Herr gemacht hat; lasst uns frohlocken und seiner uns freuen!» Ich kenne keine inspirierenderen Worte, den Tag zu beginnen, als diese. Einer meiner Freunde spricht diese Worte Tag für Tag jeden Morgen, sobald seine Füsse den Boden berühren.

Füttern Sie Ihren Geist mit allen nur möglichen glücklichen Gedanken, und Sie werden von den grossartigen Möglichkeiten Ihrer Vorstellungswelt begeistert sein. Üben Sie die Fähigkeit, die grossen Dinge vorauszuerleben, indem Sie aufbauende Gebete sprechen, wie zum Beispiel:

Guten Morgen, Herr, ich liebe dich.
Was wirst du heute tun?
Ich möchte daran teilhaben.
Ich danke dir, Herr. Amen.

Solche Gebete sind nützlich. Positive Gebete dieser Art machen Sie initiativ. Sie werden sich mit aufbauenden, interessanten und schönen Projekten beschäftigen. Wenn Sie bei konstruktiver und befriedigender Arbeit Gottes Hilfe suchen, umgeben Sie sich mit einem unsichtbaren Schild spannungabwehrender Begeisterung. Sie werden so sehr in ausgezeichnete Pläne und grossartige Ideen versunken sein, dass Sie den unbedeutenden Ärgernissen und dem kleinen Alltagskram gegenüber unempfänglich werden: alle die Dinge, die in einem müssigen Geist Spannung und Ärger hervorrufen, werden Ihnen fern bleiben.

3. Schützen Sie sich vor negativen Einflüssen

Die Gesellschaft, in der wir heute leben, scheint im Negativen buchstäblich verstrickt zu sein. Von wie vielen Menschen, mit denen wir in Kontakt kommen, geht etwas Negatives und Zerstörerisches aus. Es ist für uns lebenswichtig, uns vor den Giftpfeilen negativer Spannung, die den ganzen Tag über auf uns abgeschossen werden, zu schützen.
Sie kennen bestimmt die bedrückende Enttäuschung, die sich einem bemächtigt, wenn man einem Partner oder Freund einen Vorschlag macht und sogleich eine abschlägige Antwort erhält. Es kann sich dabei um etwas Unbedeutendes handeln; man schlägt etwa vor, sich diesen oder jenen neuen Film anzu-

sehen, und der andere sagt darauf: «Ich habe gehört, er sei nicht besonders gut.»
Es kann sich aber auch um etwas Bedeutendes handeln; man schlägt etwa vor, die Geschäfte auf eine neue Art zu führen, und hört dann den Geschäftspartner sagen: «Das geht nicht – ich kenne jemanden, der es so versucht hat und damit keinen Erfolg hatte.»
Wenn alle Ihre Gedanken, Anregungen und Ideen immer wieder mit ablehnendem Kopfschütteln bedacht werden und wenn Ihnen jedes Mal erklärt wird, weshalb Ihre Vorschläge nichts taugen, so können mit der Zeit auch Sie in den Wirbel des Negativen geraten. Es ist lebenswichtig, dass Sie Ihren Geist mit einem unsichtbaren Schild dagegen schützen, der Ihnen Ihre positive Begeisterung bewahrt. Sie müssen lernen, sich vor Zweifel, Unentschlossenheit und vorgebrachten Gründen, weshalb dieses oder jenes nicht gehe, zu schützen. Dies kann auf zwei Arten geschehen.
Schützen Sie Ihren Geist vor der Spannung, die durch die Entmutigung entsteht, und sagen Sie sich immer wieder: «Durch Christus, der mich stark macht, kann ich alles.»
Schützen Sie sich vor der Hoffnungslosigkeit, und sagen Sie sich: «Ich bin überzeugt, dass mich nichts von Gottes Liebe trennen kann.»
Wenn Sie ängstlich und furchtsam sind, so schützen Sie sich vor Kummer und Sorge, indem Sie sich sagen: «Der Herr ist mein Licht und meine Rettung. Wen soll ich fürchten? Der Herr ist die Kraft meines Lebens.»
Während des Zweiten Weltkrieges versteckte sich ein unbekannter, namenloser Jude auf der Flucht vor seinen Verfolgern in einem Keller. In seinem Versteck kratzte er den Davidstern und diese drei Zeilen in die Wand:

«Ich glaube an die Sonne, auch wenn sie nicht scheint.
Ich glaube an die Liebe, auch wenn ich sie nicht fühle.
Ich glaube an Gott, auch wenn er schweigt.»

Dr. Daniel A. Poling, der grosse Kirchendiener und Vorgänger von Dr. Peale an der Marble Collegiate Church in New York, schützte sich vor Zweifeln einfach dadurch, dass er dreimal wiederholte:

«Ich glaube! Ich glaube! Ich glaube!»

Warum nicht dasselbe tun und sich so mit dem unsichtbaren, vor Spannung schützenden Schild umgeben, den starker, beständiger Glaube erzeugt?

4. Setzen Sie Negatives um

Auch wenn Sie in der Anwendung der ersten drei Übungen schon sehr sicher sind, ist die Spannung doch ein äusserst zäher Gegner; gehen Sie daher zur nächsten entspannenden Übung über.

Sie lernen, die Pfeile der Spannung, die vielleicht immer noch durch den Sie allmählich umgebenden Schild dringen, umzubiegen. Das Ziel besteht dabei darin, einige Ihrer Spannungen in positive Kräfte umzusetzen. Der Glaube und die Überzeugung, dass Gott Ihnen nichts widerfahren lässt, was Sie nicht in eine positive Erfahrung umsetzen könnten, muss Sie durchdringen und beseelen. Ein Mensch, der durch und durch positiv denkt, beherrscht auch die Kunst des Umsetzens.

In der Mitte des 19. Jahrhunderts lud der Besitzer eines wunderschönen Jagdhauses im nördlichen Schottland einige Freunde zu einem Jagdwochenende ein. Gleich zu Beginn des Zusammenseins öffnete einer der Gäste eine Flasche Soda, wobei ein Teil des Inhalts an eine frisch gestrichene Wand bis zur Decke hinauf spritzte. Der Gastgeber war verärgert und gab seinem Unmut dem Gast gegenüber in recht unmissverständlichen Worten Ausdruck.

Das Sodawasser verursachte einen unansehnlichen braunen Fleck an der Wand. Während des ganzen Wochenendes beobachteten die anderen Gäste, wie der Fleck trocknete. Als sie

dann abreisten, bestand kein Zweifel, dass auf der Wand ein verunzierender Fleck zurückbleiben würde.
Alle Gäste fuhren ab, bis auf einen. Dieser besah sich die hässliche Wand eingehend. Dann verwandelte er - zuerst mit dem Zeichenstift, darauf mit dem Kohlestift und schliesslich mit Ölfarbe - die braunen Flecken in braune Hochlandfelsen. Nun malte er einen Fluss, der sein Wasser über die Felsen hinunter stürzte. An der dunkelsten Stelle des Flecks setzte er einen springenden Hirsch hin und im Hintergrund Jäger, die den Hirsch verfolgten.
Wer war der Mann, der den schmutzigen Fleck in ein herrliches Gemälde verwandelt hatte? Es war Sir Edwin Henry Landseer, der berühmte englische Tiermaler, dessen bekanntestes Werk die in Stein gehauenen Löwen am Fuss des Nelson-Denkmals am Trafalgar Square in London sind.
Das besagte Jagdhaus wurde später in ein Gasthaus umgewandelt. Im Verlauf der Jahre haben andere Künstler, die sich dort befanden, den Wänden weitere Gemälde hinzugefügt. Heute ist es ein Haus von einer die Zeiten überdauernden Schönheit und beileibe kein Ort, den ein achtloser Gast beinahe verunziert hätte.
Etwas Hässliches oder Ungefälliges in etwas Schönes umwandeln - das ist das, was ich mit Umsetzen meine.
Denken Sie über die Möglichkeiten nach, wie Sie hässliche, negative Gedanken in schöne, positive und aufbauende umsetzen können.
Das verstehen wir unter Umsetzen: das positive Denken für die Schaffung der inneren Ruhe einsetzen.

Vier der wichtigsten Spannungsarten, die umgesetzt werden können

Wenn Sie den Versuch, Ihre Spannungen abzubauen, schwierig finden, so denken Sie daran, dass Spannungen zu Werkzeugen gemacht werden können. Mit anderen Worten: Wenn Sie Ihre Spannungen nicht verlieren können, so verwenden Sie sie.

Wenn man zum Himmel blickt, sieht man manchmal einen Vogel, der mit ausgespannten Flügeln in der Luft zu schweben scheint. Er bewegt sich überhaupt nicht; es ist, als hinge er in der Luft. Dabei lehnt er sich aber gegen den Wind und benützt die Spannung beziehungsweise die Bewegung der Luft, um sich tragen zu lassen. Sobald der Wind gegen ihn bläst, lehnt sich der Vogel daran. Er ruht sich auf dem Wind aus, statt gegen ihn zu kämpfen.

Beobachten Sie am Ufer einmal die heranrollenden Wellen des Meeres, wie sie gegen die Molen schlagen und jene rauhe, hoch aufspritzende und tosende Brandung verursachen. An den Stellen, wo das Wasser nicht tief ist, können Sie Menschen gewahren, die ängstlich und angespannt dastehen und völlig versteift auf den heftigen Schlag warten, den ihnen die nächste sie überrollende Woge versetzt. Vielfach stolpern und stürzen sie Wasser ausspuckend auf den sandigen Boden.

Weit draussen im Meer sehen Sie dagegen sonnengebräunte Jungen und Mädchen auf Surfbrettern, mit denen sie auf den wogenden Wellen auf- und niederfahren. Sie richten ihre Bretter gegen die herannahende Wellenwand, stehen rasch auf und – während sich der Wellenberg oben mit weisser Gischt überzieht – reiten sie fröhlich und zuversichtlich dem Ufer zu, von der Kraft derselben Welle getragen, die andere Menschen zu Boden wirft. Die Surfer haben gelernt, gegen die Wellen nicht zu kämpfen, sondern darauf zu reiten.

Sie sollen nicht verzagen – lassen Sie sich tragen! So, wie eine gewaltige Welle Sie entweder niederwerfen oder in sanftem, herrlichem Flug forttragen kann, vermögen Spannungen in vielen Fällen Sie entweder niederzudrücken oder zu besseren Gedanken und Taten zu bewegen. Entweder schaffen Sie es mit den Spannungen, oder sie geben Ihnen zu schaffen. Sie drücken Sie auf den Boden oder heben Sie in die Höhe. Sie sind wie ein schweres Gewicht oder wie Flügel. Sie können Sie belasten oder Sie befreien. Sie sollen nicht verzagen - lassen Sie sich tragen!

1970 wurden die amerikanischen Golfmeisterschaften im Hazeltine National Golf Club in Chask, Minnesota, ausgetragen. Jener Tag war einer der übelsten in der Geschichte der amerikanischen Golfmeisterschaften. Starke Winde und eine Temperatur, die nahe am Gefrierpunkt lag, machten das Spielen äusserst schwierig. Von allen den Spitzenspielern - es waren 80 Champions auf dem Platz - spielte nur einer so gut, wie man es von ihm gewöhnt war, nämlich der 25jährige Tony Jacklin, der damalige britische Golfmeister.

Der Wind, der mit 66 km/h blies, siegte über Champions wie Jack Nicklaus, Gary Player und Bill Casper. Sobald diese Golfkoryphäen sich auf das Grün gestellt hatten, um einzulochen, blies sie der Wind buchstäblich aus dem Gleichgewicht. Arnold Palmer sagte, dass die meisten Spieler deshalb schlecht spielten, weil sie wegen des Windes zu vorsichtig ans Werk gingen.

Diese Bemerkung traf für alle zu - Tony Jacklin ausgenommen. Unter diesen misslichen Umständen spielte er eine bemerkenswerte 71. Was hatte er verglichen mit den anderen besser gemacht? Während sich die anderen immer mehr aufregten und angespannter wurden, entspannte er sich. Während die anderen gegen den Wind kämpften, genoss er ihn und arbeitete mit ihm.

«Ich spiele gerne bei solchem Wetter», sagte er. «Ich versuche, den Wind zu benützen, statt ihn zu bekämpfen. Ich lasse den Ball vom Wind ins Loch tragen.» Das ist es, was wir mit gewissen Spannungen machen müssen; bekämpfen wir sie nicht, benützen wir sie. Wandeln wir sie um in positive und schöpferische Kräfte. Es gibt vier Arten von Spannungen, die wir auf diese Weise «behandeln» können: Neugierde, Abenteuerlust, Wut und Langeweile.

Die Neugierde

Diese Art der Spannung verursacht eine innere Unruhe, die überaus zerstörend wirken kann. Im Englischen gibt es ein Sprichwort: «Neugierde brachte die Katze um.» Nun kann Neugierde aber auch Menschen umbringen oder ihnen sonst auf irgendeine Weise schaden. Neugierde hat schon manchen Alkoholiker zu seinem ersten Glas Alkohol verleitet. Viele Drogensüchtige sagen, wenn man sie nach den Anfängen ihrer Sucht befragt: «Ich wollte es nur einmal ausprobieren, um zu sehen, wie es ist.»

In der Notfallstation eines Spitals sah ich einen jungen Mann, der einen Autounfall erlitten hatte. «Wie ist das geschehen?» fragte ich ihn. Er antwortete: «Ich war neugierig; ich wollte wissen, wie schnell ich mit meinem Wagen die Kurve nehmen kann.»

«Seine Neugierde hat ihn schon immer in Schwierigkeiten gebracht», jammerte seine Mutter.

«Nicht die Neugierde an sich», verbesserte ich sie, «sondern die Abwege, auf welche die Neugierde geraten ist.»

Neugierde *kann* zerstören. *Sie kann aber auch aufbauen,* wenn sie richtig angewandt wird.

George Washington Carver begann sich aus Neugierde eingehend mit der Erdnuss zu befassen, als er die 1914 durch den Kornwurm vernichteten Baumwollernten gesehen hatte. Er entdeckte, dass sich aus Erdnüssen viele Nebenprodukte herstellen lassen, die bislang aus Baumwolle gewonnen wurden. Seine Arbeit war für das amerikanische Volk und die amerikanische Industrie ein unermesslicher Gewinn.

Männer wie Benjamin Franklin, Thomas Edison und Lee De Forest setzten sich aus Neugierde mit zahlreichen Dingen auseinander. Ihr Entdeckungen und Erfindungen haben zu besseren Lebensbedingungen für die ganze Menschheit geführt.

Einer meiner Freunde, der Erfinder und Forscher Dr. Arnold Beckman, sagte: «Gott ist die Endsumme alles Unbekann-

ten.» In dieser Aussage steckt eine grosse theologische Wahrheit. Wie lässt sich die dem Menschen innewohnende Neugierde erklären? Diese unersättliche, umfassende Spannung, die wir Neugierde nennen, ist uns Menschen von Gott eingegeben worden, damit wir in uns ständig den Drang verspüren, Neues zu suchen und zu erforschen; wir alle spüren, dass es auf dieser Welt noch so unendlich viel zu entdecken gibt.
Dieser «Ruf des Unbekannten» ist das Mittel der Natur, ja das Mittel Gottes, uns so lange unstet, rastlos und ruhelos zu lassen, bis wir die grösste Entdeckung des Lebens gemacht haben: die Wirklichkeit und die Existenz Gottes, der für uns die grosse Unbekannte ist.
Neugierde war schon immer die Triebkraft, die hinter den meisten grossen Entdeckungen und Erfindungen steckt. Aus Neugierde wurde Amerika entdeckt. Neugierde brachte den Menschen auf den Mond. Die Neugierde - gemeinsam mit der Notwendigkeit - ist geradezu die Mutter der Erfindung. Der Lehrer weiss, dass seine besten Schüler den Drang haben, über die weiten Wissensgebiete, die dem jungen Menschen noch verborgen sind, mehr zu wissen.
Wir haben gesehen, dass Neugierde als Spannung Schreckliches oder Wunderbares bewirken kann. Wozu sie führt, hängt von der geistigen Kraft ab, von der wir geleitet werden. Wenn es der Geist Gottes ist, werden die Spannungen uns verlassen oder sich in dynamische und schöpferische Kraft verwandeln, dank der wir grosse Werke vollbringen können.

Die Abenteuerlust

In mancher Hinsicht mit der Neugierde verwandt ist die zweite Art von Spannung, die Abenteuerlust. Diejenigen, die von ihr gepackt werden, lassen sich vielfach zu allen möglichen schlechten Taten hinreissen - zu Verbrechen, sexuellen Ausschreitungen und Perversionen. Kriege sind von ruhelosen

Herrschern vom Zaun gebrochen worden, weil diese im Kriegsabenteuer Freiraum und Befriedigung suchten.

Teenagers unternehmen aus Abenteuerlust Strolchenfahrten und werden dann wegen Autodiebstahls verhaftet. Männer und Frauen unterhalten aus Freude am Abenteuer aussereheliche Beziehungen.

Hat aber der Geist Gottes die Oberhand, so wird die Abenteuerlust zur grossartigen Triebkraft. Der Wissenschaftler verbringt dank ihr Stunde um Stunde mit seinem Mikroskop, in die winzige Welt der Mikroben und Viren eindringend. Er experimentiert unablässig mit neuen Verfahren, neuen Formeln, neuen Chemikalien, um im Wettstreit mit den Krankheiten Heilmittel, Impfstoffe und Abwehrmittel zu finden.

Die Abenteuerlust öffnet der Jugend neue Welten. Ich erinnere mich noch daran, wie ich meine älteste Tochter, als ihr erstes College-Jahr begann, zum Flughafen brachte. Von ihrer Mutter, ihrem Bruder und ihren Schwestern hatte sie sich bereits verabschiedet. Wir waren allein im Wagen, der uns zum Flugzeug fuhr. Wir sassen beide schweigend da. Plötzlich sagte sie: «Weisst du, woran ich eben denke, Papa?» Ich schüttelte den Kopf, und sie fuhr fort: «Ich habe soeben an einige Zeilen gedacht, die du einmal zitiert hast.» Sie wiederholte sie: «Sorge dich nicht um mich, der ich ein neues Abenteuer beginne. Ungeduldig steh' ich hier, bereit aufzubrechen, ich und mein unbekümmert Herz, das sich den Weg bahnen will.»

Die verstorbenen Dorothy und Henry Poppen waren gute Freunde von mir. Die beiden hatten über 40 Jahre in China verbracht, wo sie Schulen, Spitäler und Kirchen bauten. Bei allem, was sie taten, war immer grosses Risiko dabei. Da waren endemische Krankheiten, unsichere Strassen und Pfade, Banditen, die durch das Land zogen. Schliesslich wurden die beiden von den Kommunisten gefangengenommen und eingesperrt. Es gelang ihnen zu fliehen und sich in die Vereinigten Staaten durchzuschlagen. Hinter sich zurück liessen sie ihre Schulen und Spitäler.

«Was hat euch all die Jahre hindurch angespornt?» fragte ich Dorothy Poppen. «Wir hatten das Verlangen nach Abenteuer», gab sie zur Antwort, wobei sich in ihren Augen die Erinnerung an die aufregenden Jahre widerspiegelte.
Ein von Abenteuerlust besessener Mensch kann sehr gefährlich sein, wenn er nicht die moralischen Schranken und die Richtlinien Gottes in sich trägt. Ohne Gottes Hilfe kann er zum Verbrecher oder zum Schurken werden, das heisst zu einer Kraft, die in dieser Welt zum Bösen führt.
Jene aber, die in ihrer Abenteuerlust vom Geiste Gottes geleitet sind, können zu den dynamischsten Menschen der Welt werden.

Die Wut

Wären wir bessere Menschen, wenn die Gefühle der Wut und des Ärgers, die uns so oft packen, ständig ausgeschaltet werden könnten? Kein vernünftiger Mensch würde so etwas behaupten. Wut macht weiches Eisen oft zu hartem Stahl. Lassen wir die Wut weg, dann wird der Wille unter Umständen schwächer.
Wie die Neugierde oder die Abenteuerlust kann die Wut einen Menschen dazu treiben, sich und seine Mitmenschen zu zerstören; sie kann aber auch zur Grösse führen. Einmal mehr hängt dies vom Geiste ab, der den Menschen beseelt.
Im Offiziersclub in der Luftwaffenbasis Grant Heights in Japan fiel mir ein junger Offizier auf, der am Tisch nebenan Kartentricks vorführte. Man sagte mir, dass er Berufszauberer sei.
«Wie sind Sie zum Zaubern gekommen?» fragte ich ihn.
Mit einem Lachen gab er mir zur Antwort: «Als ich in die Luftwaffe eintrat, verwickelte man mich in ein Kartenspiel, bei dem ich meinen ganzen Lohn verlor. Später erfuhr ich, dass der Gewinner ein Falschspieler war. Ich war wütend und

schwor, es ihm gleichzutun. Während ich mich daran machte, dies zu lernen, wurde mir aber bewusst, wie dumm es im Grunde genommen ist zu spielen. Ich merkte zudem, dass ich in einem ehrlichen Spiel andere auch gar nicht betrügen könnte. Mittlerweile hatte ich alle Kartentricks gelernt und wurde immer häufiger angefragt, ob ich meine Zauberstücke vorführen würde. Im letzten Jahr habe ich so eine schöne Stange Geld verdient, indem ich an Gesellschaftsanlässen in der ganzen Region Tokio auftrat.»
Jeder kann Gefühle der Wut zur Triebfeder produktiven Schaffens machen.

Die Langeweile

H.L. Mencken, der bekannte Zeitungsverleger und Autor, hat einmal geschrieben: «Die Fähigkeit der Menschen, sich zu langweilen, scheint weit grösser zu sein als diejenige aller anderen Tiere.»
Die Psychiater erklären in ihrem Berufsjargon, dass sich Langeweile dann einstellt, wenn einem die vorhandenen Reize nicht mehr genügen und man andere Reize wünscht. La Rochefoucauld, der berühmte Epigrammatiker, hat gesagt: «Wir vergeben denjenigen leicht, die uns langweilen, aber wir vergeben denjenigen nie, die wir langweilen.»
Feldmarschall Ligne meinte: «Ich langweile mich nie, die anderen langweilen mich.»
Langeweile war schon immer das Thema vieler Diskussionen und Überlegungen. Darüber hinaus ist sie eine der zerstörendsten Kräfte im menschlichen Leben. Die Spannung, die von Langeweile herrührt, ist für viele Probleme verantwortlich, die uns heute beschäftigen.
Langeweile ist eine der Hauptursachen des Alkoholismus, der Drogensucht, der Spielsucht und der sexuellen Ausschweifung. In unserer Überflussgesellschaft mit ihrem übermässi-

gen Freizeitangebot kann die Langeweile im Leben vieler Menschen verheerend wirken.

Wenn aber der Geist Gottes in ein von Langeweile gekennzeichnetes Leben tritt, geschieht Erstaunliches. Dann

- wird Langeweile zu einer Spannung, die darauf wartet, in schöpferische Bereiche gelenkt zu werden,
- ist Langeweile ein reines, weisses Blatt, das beschrieben werden will,
- ist Langeweile eine stumme Orgel, die auf Hände wartet, die sie kunstvoll zum Erklingen bringen,
- ist Langeweile ein liebend Herz, das sich nach der Gelegenheit sehnt, Hoffnungen und Träume zu teilen,
- ist Langeweile ein brillanter, leerer Geist, der darauf wartet, mit grossartigen Gedanken gefüllt zu werden.

Wie kann Langeweile in eine inspirierende Tätigkeit verwandelt werden?

Durch positives Denken. Durch die Überzeugung, dass Sie in Ihrem Leben etwas Besseres und Grösseres tun können als trinken, spielen, unmässig essen und die Stunden mit müssigen Gedanken und dummem Geschwätz zu verbringen.

Wenn Gott uns mit der wundervollen Vorstellung versieht, was alles möglich ist, wenn der Berge versetzende Glaube uns zur Tat bewegt, dann verwandelt sich Langeweile in dynamischen Einsatzwillen.

Suchen Sie in den negativen Lebenserfahrungen unablässig nach positiven Möglichkeiten: Ihre Spannung wird dadurch zum Sprungbrett, von dem aus Sie zur Tat aufbrechen können. Versuchen Sie, die Kraft des Umsetzens, die Ihnen das positive Denken verleiht, für das Ab- und Umbauen all jener Spannungen zu verwenden, die Ihre innere Ruhe zunichte machen.

Das nächste Kapitel zeigt, wie wir unsere Schwächen zu unseren Stärken machen können!

4. Aus Schwächen werden Stärken

Ist es möglich, aus seinen Spannungen Nutzen zu ziehen? Aus einem Feind einen Freund zu machen? Aus Schwächen Stärken? Vermögen wir alle die schlechten Erinnerungen und Gedanken in unserem Kopf, die uns der inneren Ruhe berauben, umzusetzen?
«Aus eurer Schwachheit soll Kraft kommen», schrieb einst ein weiser Mann in Anlehnung an den Hebräerbrief 11,34.
Das heisst nichts anderes, als dass ein Knochen dort, wo er brach, sich wieder zusammenfügt, verbindet, zusammenwächst und heilt, um an jener Stelle dann stärker als zuvor zu sein.
Das heisst nichts anderes, als dass dort, wo das Fleisch verwundet wurde und sich das Gewebe wieder verbindet, die Haut zuwächst und eine Narbe bildet, um dann stärker und fester als jeder andere Punkt auf der Körperoberfläche zu sein.
Als ich vor einigen Jahren in Holland einen Deich überquerte, sagte der Deichführer zu mir: «Sehen Sie diesen gewaltigen Betonpflock? An jener Stelle hatten wir einst ein Leck, durch das das Meerwasser hereinbrach. Viele Menschen sind zugrunde gegangen, aber wir haben die Stelle mit Stahlbeton ausgebessert. Dort bricht er nie wieder.»

Dort, wo wir schwach sind, werden wir stark

Einmal sagte ein Arzt zu mir, indem er auf eine Krankenschwester zeigte, die auf dem Korridor vorbeiging: «Das ist die beste Schwester, die wir haben. Wie sie arbeitet! Mit grösster Hingabe.» Und in einem Nachsatz fügte er hinzu: «Weil sie als junges Mädchen zehn Monate lang in diesem Spital gelegen hat.»

Aus der Schwachheit kann Kraft kommen

Ein entscheidender Grundsatz: Wenn wir seelisch gesund und glücklich leben wollen, müssen wir mit Verdruss und Schicksalsschlägen fertigwerden können.

Ich möchte hier nur einige nenne, die wir unter Umständen erleiden:

Da ist zum Beispiel der Verdruss, den uns unsere Freunde bereiten. Wir wissen wohl auch alle, was es bedeutet, von einem Feind verletzt zu werden. Dann gibt es den Verdruss, den wir uns selbst bereiten und dessenthalben wir uns später selbst hassen.

Verdruss wegen unserer Freunde, Verdruss wegen unserer Feinde, Verdruss wegen uns selbst.

Darüber hinaus gibt es unzählige Vorkommnisse, von denen nur Sie allein sagen können, dass Sie Ihnen das Leben in den Weg gelegt hat.

Eine Brücke stürzt zusammen, und Sie werden verletzt. Sie können niemandem die Schuld dafür geben. In solchen Fällen ist man leicht versucht, Gott zu beschuldigen. Seien wir vorsichtig! Meistens ist ein Unglück die Folge eines menschlichen Fehlers oder Versagens.

Es gibt jedoch Schicksalsschläge, die Gott bewirkt. Ihr Mann stirbt. Gott nahm ihn zu sich; Sie bleiben im Schmerz zurück. Doch als Sie Ihren Mann geheiratet haben, hat Ihnen Gott nie versprochen, dass Sie Ihren Mann so und so lange haben werden, es war nur im Guten wie im Schlechten «bis der Tod euch scheidet». Es hätte nur für einen Tag sein können, für eine Woche, vielleicht für einen Monat, ein Jahr, zehn Jahre oder länger. Gott hat nichts versprochen.

Der Hebräerbrief hiess uns, unsere Schwäche zu unserer Stärke zu machen. Wie machen wir das?

Ich schlage vor, hierbei vier Grundsätze zu befolgen, vier Grundsätze, die wir uns fest einprägen, um mit den Schicksalsschlägen zurande zu kommen:

1. Verfluchen Sie sie nicht.
2. Wärmen Sie sie nicht immer wieder auf - nähren Sie sie nicht.
3. Zerstreuen Sie sie (ich werde Ihnen zeigen, wie wir dies machen).
4. Kehren Sie sie um. Wenden Sie sie, bis das Innen nach aussen kommt, bis der Schmerz zum strahlenden Schein wird, die Schwäche zur Stärke und die Wunde zum Wunder wird!

Verfluchen Sie Schicksalsschläge nicht!

Ich höre es immer wieder: «Schaut sie an! Seit sie ihren Mann verloren hat, ist sie zur Trinkerin geworden.» Oder dann zeigen sie auf ihn und sagen: «Wissen Sie, seit sein Junge gestorben ist, geht es abwärts mit ihm.» Oder: «Ich werde sie wohl entlassen müssen; sie macht ihre Arbeit schlecht. Seit sie nicht befördert wurde, taugt sie für unsere Firma nichts mehr.»
Es gibt viele Möglichkeiten, zu verwünschen und zu verfluchen. Wenn wir verfluchen, werden wir verbittert. Jeder Verdruss, jeder Schmerz macht den Menschen bitter oder besser. Verfluchen Sie Schicksalsschläge nicht!

Wärmen Sie Schicksalsschläge nicht immer wieder auf - nähren Sie sie nicht!

Eine gute Bekannte rief mich kürzlich an. Ihr Mann ist vor zwei Jahren gestorben. Die arme Seele - wie sehr habe ich gewünscht, sie wäre früher zu mir gekommen! Aber sie hatte so lange zugewartet, hatte zwei lange, leid- und sorgenvolle Jahre, allein in tränenvollem Kummer verbracht.
Sie hatte sich das Leid immer wieder vergegenwärtigt, es genährt! Was sie alles gemacht hatte acht Wochen, bevor er

seinen Herzanfall hatte, sechs Wochen zuvor, vier Wochen zuvor, dann drei Wochen zuvor. Dann erinnerte sie sich an das, was sie eine Woche vor dem Herzanfall gemacht hatte, und schliesslich an jenen verhängnisvollen Morgen. Sie hatte das Erlebte immer und immer wieder überdacht. Dann sagte sie, indem sie ihre Tasche öffnete und das Brieftäschchen herausnahm: «Ich habe hier etwas, das ich immer mit mir trage. Ich wollte damals wissen, warum mein Mann gestorben ist. Deshalb fragte ich den Arzt, ob man nicht mit Elektroschock hätte versuchen können, sein Herz wiederzubeleben oder so etwas ähnliches.» Der Arzt hatte ihr eine sehr technische, klinische Erklärung der Todesursache gegeben. Sie sagte zu mir: «Ich habe es mir auf diesem Papier notiert. Ich trage es immer bei mir.»

Sie zeigte es mir. Ich erinnere mich nicht mehr genau an den Wortlaut, aber es stand etwa folgendes darauf: «Der Zustand Ihres Mannes wurde durch eine Verstopfung im Innern der Arterien bewirkt. Es haben sich daraufhin Blutklümpchen gebildet; schliesslich wurde ein Klumpen so gross, dass er den ganzen Durchfluss behinderte. Dadurch konnte das Blut nicht mehr ins Herz fliessen. Als dies geschah, verschloss sich die Herzklappe, und ein gewaltiger Schmerz stellte sich ein. Darauf konnten sich die Lungen nicht mehr mit Luft füllen, und er starb an Sauerstoffmangel.» Undsoweiter.

Mir standen die Tränen zuvorderst, denn ich hatte die Frau sehr lieb. Ich betete mit ihr, und Gott vollbrachte in meinem Büro eine Heilung.

Ich sprach zu ihr: «Nun will ich Ihnen etwas mit auf den Weg geben, bevor Sie gehen. Ein letzter Ratschlag.» Sie sagte: «Gerne, Herr Pfarrer, ich befolge, was Sie mir sagen.» Mein Rat war: «Ich will, dass Sie dieses Stück Papier zerreissen und die Fetzen wegwerfen. Schauen Sie es nie wieder an.» – «Glauben Sie wirklich?» – «Ja, unbedingt.» – «Einverstanden. Ich werde das tun.» Ich bin sicher, dass sie es gemacht hat.

Wenn wir uns einen Schmerz immer wieder vergegenwärtigen

und ihn nähren, entwickeln wir das, was die Psychologen eine Neurose nennen, eine abnormale Beschäftigung mit einem zwanghaften Gefühl. Und das macht krank.

Zerstreuen Sie Ihren Verdruss!

Nähren Sie ihn nicht - zerstreuen Sie ihn. Und zwar so:
Gegen einen Schmerz, einen Verdruss kann man sich in der Regel nicht wehren - wohl aber, wenn er andauert. Durch die Kraft Gottes und die Kraft des Gebets können wir mit jedem Schmerz fertigwerden. Ich weiss, dass dies so ist. Aber wir müssen richtig beten.
Einer meiner Freunde hatte mit einem Konkurrenten eine geschäftliche Auseinandersetzung, während der sich alle möglichen negativen Gefühle einschlichen. Ich schlug ihm vor, dies ins Gebet einzuschliessen. Er fragte mich: «Was soll ich beten? Soll ich etwa beten, der Kerl möge Erfolg haben?» - «Das weiss ich nicht. Bete einfach, Gott soll dir zeigen, was du beten sollst. Bitte Gott, dir zu sagen, wie dein Gebet sein soll.»
Diese Woche hat er mir gesagt: «Um 2 Uhr früh bin ich erwacht und hatte das Gebet.» - «Wie lautet es?» wollte ich wissen. - «Es lautet so: Gott, mach jenen Menschen genau zu dem Menschen, wie er für dich sein soll, und mach, dass sich sein Geschäft genau so entwickelt, wie du es sich entwickeln sehen möchtest. Amen.»
Mein Freund fuhr fort: «Das hat mich vollkommen geheilt. Wenn sein Geschäft nun mit Erfolg läuft, so kann ich mich einfach nicht mehr darüber ärgern. Ich weiss, dass Gott will, dass es so läuft. Macht er dagegen Konkurs - nun, auch das werde ich verkraften.»
Er war sehr offen und ehrlich: «Gott, mach jenen Menschen genau zu dem Menschen, wie er für dich sein soll, und mach, dass sich sein Geschäft genau so entwickelt, wie du es sich entwickeln sehen möchtest.»

Wenn Sie einen Verdruss haben und ihn ins Gebet aufgenommen haben und Ihr Gebet Ihnen nicht geholfen hat, so haben Sie das falsche Gebet gebetet. Beginnen Sie damit, dass Sie Gott fragen, was Sie beten sollen.

Vor nicht allzulanger Zeit sprach Erzbischof Fulton Sheen von der Kanzel unserer Kirche. Der Erzbischof hatte selbst grosses persönliches Leid zu tragen gehabt. Er sagte: «Als mir bewusst wurde, dass letztlich nichts geschieht, was Gott nicht zugelassen hätte, konnte ich den Frieden finden.» Welch grossartige, tiefe Aussage!

Um unseren Verdruss, unseren Schmerz loszuwerden, müssen wir in unser Inneres blicken.

Irgendwie müssen wir herausfinden, an welchem Punkt wir selbst im Fehler waren. Wenn wir mit einem anderen Menschen ein Problem haben, so ist dies sicher nicht allein die Schuld des anderen.

Das härteste und zugleich heilbringendste Wort in der Bibel ist das Wort «bereuen». Vielleicht ist es das, was Sie tun sollten.

Sie können Ihren Verdruss und Ihren Schmerz zerstreuen, wenn Ihre Beziehung zu Gott die richtige ist.

Leiden Sie an einem Schmerz, den Sie sich selber zugefügt haben?

Hassen Sie sich wegen etwas, das Sie gemacht haben?

Vielleicht betrügen Sie Ihre Frau, und Ihre Frau betrügt Sie, oder Sie bestehlen Ihren Arbeitgeber, oder Sie sind unehrlich und hassen den Menschen, den Sie im Spiegel sehen.

«Oh Gott», sagen Sie zu sich selbst, «wenn ich diese schwarze Seite nur herausreissen und nochmals von vorne beginnen könnte!»

Das können Sie! Es ist möglich! Sie können Ihren Schmerz zerstreuen! Beten Sie: «Nimm mich an, befreie mich, vergib mir, und ich weiss, Gott, wenn du mir vergibst, kann ich wieder mit mir leben.»

Beginnen Sie neu – frisch und befreit!

Was machen Sie mit Ihrem Verdruss, Ihrem Schmerz? Verfluchen Sie ihn nicht. Wärmen Sie ihn nicht immer wieder auf. Nähren Sie ihn nicht. Zerstreuen Sie ihn. Kehren Sie ihn um!

Kehren Sie Schicksalsschläge um!

Wenden Sie Ihre Schmerzen von innen nach aussen und
machen Sie aus dem Problem einen Plan,
machen Sie den Feind zum Freund,
machen Sie den Schmerz zur Kraft,
machen Sie Ihre Wunden zu Wundern.

Je mehr ich darüber lese und je mehr ich mit grossen Menschen zusammenkomme, desto mehr bin ich überzeugt: Es gibt auf dieser Erde keinen grossen Menschen, der noch nie tief verletzt worden ist.

Ich bin davon so sehr überzeugt, dass ich mich kürzlich bei diesem Gebet ertappte: «Gott, füge mir mehr Leid zu, damit ich den Menschen besser helfen kann.»

Vor Jahren war ich eingeladen, in der Marble-Collegiate-Kirche zu predigen. Dr. Peale war schon damals der amtsälteste Pfarrer jener Kirche; dazumal hatte aber Dr. Daniel A. Poling die Abendpredigt. Als ich ankam, hatte ich meinen Talar nicht bei mir. Einer der Helfer, der einen suchte, der mir passen könnte, griff in den Schrank und sagte: «Hier, der von Dr. Poling sollte Ihnen gehen.» Ich zog ihn an, und dabei riss ein Knopf ab. Ich steckte ihn in die Tasche. Als ich am Ende der Woche wieder zu Hause in Kalifornien war, sandte ich ihn mit einem Brief an Dr. Poling. «Verzeihen Sie bitte», schrieb ich, «hier ist der Knopf Ihres Talars zurück.» Ich erhielt von ihm einen Brief, der für mich unglaublich war. Es war herrlich! Ich war ja nur ein junger unbekannter Pfarrer, und seit meiner Jugendzeit auf einer Farm in Iowa waren erst wenige Jahre vergangen. Dr. Poling schrieb: «Der Verlust eines Knopfes ist ein geringer Preis im Vergleich zur Ehre, die mir dadurch zuteil wurde, dass Sie meinen Talar trugen.»

Später lernte ich das Geheimnis von Dr. Polings Grösse kennen. Während des Ersten Weltkriegs war er Kaplan gewesen. Er ging von einem Schützengraben zum andern, sie lagen jeweils hundert Meter auseinander. An einer Stelle ging um ihn herum ein wahrer Kugelhagel nieder ... viele fielen getroffen ... er kam lebend davon. Ein anderes Mal war er einer der vier Männer, die eine Bahre trugen, auf der ein deutscher Gefangener mit zerfleischten Beinen lag. Im Dreck explodierte eine Granate. Die andern wurden in Stücke zerfetzt, aber Dr. Poling lebte.

Dr. Polings Sohn Clark war Student an einer privaten High School ausserhalb der Stadt. Eines Tages sandte er ein Telegramm: «Vater, ich komme dieses Wochenende nach Hause. Ich möchte Dich allein sehen. Hol mich bitte am Bahnhof ab.» Dr. Poling holte seinen Sohn am Bahnhof ab; er fragte sich, in welchen Schwierigkeiten er wohl sei.

Sie gingen zusammen in einen Raum der Marble-Collegiate-Kirche. Als der Junge sah, dass die Türe kein Schloss hatte, stellte er einen Stuhl unter die Türfalle, so dass niemand ihr Gespräch stören konnte.

«In meinem Innern bebte es», sagte Dr. Poling später, «ich sass an meinem Pult. Mein Sohn kam und stellte seinen Stuhl neben den meinen. Seinen Ellbogen stützte er auf mein Pult auf. Das Kinn legte er auf seine Hände und schaute geradeaus. Nun habe ich ja in meinem Leben schon manchen Fehler gemacht, aber dieses Mal machte ich nicht den Fehler zu fragen, was los sei. Ich wartete einfach. Schliesslich blickte mich mein Sohn an und sagte: ‹Papa, erzähl mir, was du von Gott weisst.› Ich schaute ihn an und sagte: ‹Was ich von Gott weiss? Sehr wenig, mein Sohn, sehr wenig. Aber doch genug, um mein Leben zu ändern!› Der Junge schaute mich an und sagte: ‹Das reicht mir, Papa, das genügt mir. Wenn ich gross bin, werde ich Pfarrer wie du.›» Und er wurde es.

Am 7. Dezember 1941, als die Bomben auf Pearl Harbor fielen, ging Clark zu seinem Vater und sagte: «Papa, ich werde

mich als Kaplan einziehen lassen. Das einzige Problem besteht für mich darin, dass diese Aufgabe ziemlich leicht ist.»
Dr. Poling blickte seinen Sohn an und sagte: «Sag das nicht, mein Sohn. Der gefährlichste Posten im Ersten Weltkrieg war der Posten des Kaplans. Statistisch gesehen verloren im Ersten Weltkrieg mehr Kaplane das Leben als Infanteristen ... um genau zu sein: einer von 93 starb. Wenn du Kaplan wirst, kannst du unter Umständen dein Leben verlieren, Clark.»

Clark wurde Kaplan. Sein Vater war in London, als er erfuhr, dass die ‹Dorchester›, ein Truppentransportschiff mit über 900 Mann an Bord, bei Grönland torpediert worden sei und nur einige wenige Mann den Angriff überlebt hätten. Alle anderen seien mit dem Schiff untergegangen. An Bord waren vier Kaplane. In der Zeitung las Dr. Poling den Bericht eines der Überlebenden: Als das Schiff im Begriff war, ins kalte Eiswasser zu versinken, zogen die vier Kaplane ihre Schwimmwesten aus und reichten sie je einem Soldaten, der darauf ins Meer sprang und später gerettet wurde. Danach knieten die vier Kaplane – zwei Protestanten, ein Katholik und ein Jude – nieder und beteten, bis sie mit dem Schiff im Meer versanken. Einer der vier war Clark Poling.

Von dieser Zeit an war Dr. Polings Herz so gross, dass er jeden Jungen auf dieser Erde darin aufnehmen wollte. Er wollte jedermanns Vater sein.

Machen Sie Ihre Wunden zu Wundern.

Eine Wunde kann uns zu einem besseren oder zu einem verbitterten Menschen machen. Es hängt von uns ab.

Eines Tages verliess ich mein Büro und sah, wie sich die Lifttüre öffnete. Im Lift war eine junge Mutter mit ihrer kleinen Tochter, die sie am Kleid zupfte. Die Mutter schien stark beschäftigt zu sein. Sie wirkte etwas nervös und unruhig. In ihren Händen trug sie so viel Ware, dass sie ihrer Tochter nicht mehr helfen konnte. Ich fragte meine Sekretärin, wer diese Frau sei. Sie erinnerte mich daran, dass sie bei unserer ‹Helfenden Hand› arbeitete.

Sie hatte soeben viele Stunden damit zugebracht, Büchsensuppe und -bohnen zu sammeln. Rund um die Uhr rufen uns Menschen in unserem telephonischen Beratungsdienst an. Es ist der erste Telephon-Beratungsdienst der USA, der Tag und Nacht ohne Unterbrechung offen ist und von Freiwilligen und Kirchenmitgliedern betrieben wird. Wenn uns Leute anrufen, die nichts mehr haben, versorgen wir sie mit Esswaren, Kleidern und manchmal auch mit Möbeln.

Diese junge Mutter, die mit ihrer Familie ohnehin schon stark beschäftigt ist, widmet unserem Hilfsdienst wöchentlich mehrere Stunden. Nur wenige wissen, wieviel Arbeit und Zeit dieser Dienst in Anspruch nimmt. Meine Sekretärin sagte mir: «Erinnern Sie sich noch an den Brief, den Ihnen diese Frau geschrieben hat? Sie waren damals ganz gerührt.»

Der Brief lautete so: «Lieber Herr Dr. Schuller, ich weiss nicht, wo ich mit meinem Dank an Ihre Kirchgemeinde beginnen soll. Welch wunderbare Christen diese Menschen sind! Mein Mann musste während Monaten flach auf dem Rücken im Bett liegen und konnte in dieser Zeit nicht arbeiten. Mein Baby wurde krank, und so konnte ich auch nicht mehr zur Arbeit gehen. Die Kirche hat davon gehört, und die Frauen haben uns Frühstück, Mittagessen und Abendessen gebracht. Tag für Tag, Woche um Woche. Wie kann ich Ihnen das je wieder zurückzahlen? Wie kann ich den Frauen das je wieder zurückzahlen?»

Die Frau hat einen Weg gefunden.

Wenn ich einen grossen Menschen sehe, denke ich immer wieder, dass dieser Mensch wohl zu irgendeinem Zeitpunkt verletzt worden ist.

Oder vielleicht hat er das Leid anderer Menschen so deutlich gesehen, dass es auch zu seinem Leid wurde.

Wir können unser Leid, unseren Schmerz in Kraft verwandeln.

Vielleicht kennen Sie den königlichen Palast in Teheran. Vor einigen Jahren war ich dort. Ich habe auf der Erde schon alle

möglichen Königspaläste gesehen, aber dieser ist etwas Besonderes. Nirgends auf der Welt gibt es etwas Vergleichbares. Man betritt den Palast: Die grosse Eingangshalle spiegelt förmlich vor lauter glitzerndem, funkelndem Glas. Im ersten Augenblick meint man, die Deckengewölbe, die Seitenwände und die Säulen seien mit Diamanten besetzt. Es sind aber alles kleine Spiegelstückchen. Die Kanten der Abertausenden von kleinen Spiegeln reflektieren das Licht und strahlen die Farben des Regenbogens aus. Ein wahres Spiegelmosaik!
Eine Sehenswürdigkeit!
Und so kam es dazu: Als der königliche Palast im Bau begriffen war, bestellten die Architekten in Paris Spiegel, um die Wände der Eingangshalle zu bedecken. Als die Spiegel eintrafen, stellte sich heraus, dass sie auf dem Transport alle zerbrochen waren. Übrig waren nur noch Tausende von zerschlagenen Spiegelteilchen. Man wollte sie wegwerfen. Da sagte ein schöpferischer Mann: «Nein, vielleicht ist das Ganze noch schöner, weil die Spiegel zerbrochen sind.»
Noch schöner, weil sie zerbrochen sind? Er nahm einige grössere Stücke, zerschlug sie und setzte sie wie ein abstraktes Mosaik zusammen. Wenn Sie den Palast je sehen, wird Ihnen die gewaltige Verzeichnung in der Spiegelung auffallen, die in den Regenbogenfarben des Diamanten strahlt.
Zerbrochen, um schön zu werden!
Haben Sie einen Schmerz, einen Verdruss, ein Leid?
Überantworten Sie ihn Gott, und er wird ihn umkehren, und aus der Wunde wird ein Wunder werden!

5. Von der Trauer zurück zum erfüllten Leben

Der grösste Schmerz und womöglich die schmerzvollste aller Spannungen ist die Trauer, die wir empfinden, wenn ein geliebter Mensch diese Erde verlassen hat und aus unserem Leben getreten ist.
Diese Frieden und Freude vernichtende Erfahrung ist allen Menschen bestimmt, und wenn sie falsch erlebt wird, können zusätzliche, zerstörerische und krankhafte Gefühle entstehen. Deshalb wollen wir über die Trauer in einem besonderen Abschnitt ausführlich sprechen.
Die extreme Appetitlosigkeit, die auf seelisches Verhungern hinweist - das ist Trauer. Jeder Mensch braucht physische, seelische und geistige Nahrung, sonst verhungert er an den Folgen der Entbehrung und des Mangels. Die gute Botschaft, die ich habe, ist die, dass dem Verhungern Einhalt geboten werden kann, wenn man frühzeitig etwas unternimmt.
Was hat mir der Mensch, der jetzt von mir gegangen ist, seelisch an Kraft gegeben? Diese Frage müssen wir uns stellen. Freundschaft? Liebe? Mut? Vielleicht ist dadurch gar der wichtigste «Versorgungskanal» unserer Selbstverwirklichung mit einem Schlag zerstört worden. Unter Umständen geraten wir dadurch in eine Identitätskrise. «Wer bin ich jetzt? Sie hat mich gebraucht, aber jetzt braucht mich niemand mehr», sagt die innere Stimme verzweifelt. Jetzt ist entscheidend, dass neue Quellen seelischer Kraft gefunden werden. Dies erklärt, warum eine wunderbare Freundschaft und eine persönliche Beziehung zu Gott Lösungen sind, die sich hier anbieten. Aus dieser Sicht habe ich zehn Ratschläge für Sie.

1. Treten Sie der Trauer in ihrem akutesten Stadium entgegen.
Als Pfarrer mit 25 Jahren Amtserfahrung kenne ich die Reaktionen der Menschen auf Todesfälle. Ich konnte auch immer

wieder beobachten, wie verschiedene miteinander verwandte Spannungen sich mit dem Gefühl der Trauer vermengen. Diese Spannungen treten oft dann zutage, wenn die Trauer verschiedene Phasen durchgeht.

a) Unglaube. «Das ist nicht wahr.» - «Er kann nicht tot sein. Er kommt morgen zurück!» - «Ich glaube es nicht.» - «Das ist nicht die Wirklichkeit. Es muss ein Albtraum sein. Morgen wache ich auf, und alles war nur ein böser Traum!»
Der Unglaube ist die erste akute Form und Phase der Trauer. Dieser Unglaube ist natürlich der Versuch, das, was in Wirklichkeit geschehen ist, von sich zu weisen und nicht anzuerkennen. Der tröstende Rat, den man den Trauernden gibt, muss oft dahin gehen, dass sie der unverrückbaren Wirklichkeit, einen lieben Menschen verloren zu haben, klar ins Auge sehen. Ich leite meinen Trost an die Hinterbliebenen deshalb oft mit den Worten ein: «Es tut mir leid. Begreifen Sie, dass Ihr geliebter Mensch von Ihnen gegangen ist. Er ist tot - nicht mehr in diesem Leben. Daran kann niemand etwas ändern. Aber Sie können Ihre Reaktion auf das Geschehene kontrollieren. Sie werden entscheiden, was das für Sie bedeutet. Sie werden entweder zu einem besseren Menschen oder zu einem verbitterten Menschen. So oder so müssen Sie die Wirklichkeit akzeptieren.»

b) Reue. «Warum bloss hab' ich nicht?» - «Wenn ich doch nur...» Dies ist das zweite Stadium der Trauer. Gewissensbisse vergehen mit der Zeit, Reue dagegen muss «behandelt» werden. Suchen Sie Trost bei einem Freund.

c) Schuld. Jetzt tritt die Trauer in die Schuld-Phase über. «Es ist mein Fehler.» Schuld ist immer irgendwie in die Trauer einbezogen. Da dies sehr ausgeprägt der Fall ist, werden wir uns in diesem Kapitel mit der Schuld noch eingehender befassen.

d) Zorn. Auf die Schuld folgt meistens der Zorn. «Es ist nicht gerecht», lautet die Aussage. Es ist natürlich und normal, jetzt Gott zu zürnen. Sagen Sie ihm, dass Sie zornig sind. Drücken Sie Ihren Zorn in Worten aus. Bitten Sie dann um seine Vergebung. Er wird Sie verstehen. Er wird Ihnen Heil bringen. Es ist keine Sünde, Gott zu zürnen. Es ist nur natürlich. Es ist aber eine Sünde, ihn am Zorn nicht teilhaben zu lassen.

e) Selbstmitleid ist die nächste Phase der Trauer. «Warum gerade mich?» – «Womit habe ich das verdient?» Hier sollte man mit offenen Worten raten: «Warum soll Ihnen Trauer erspart bleiben? In jeder tieferen zwischenmenschlichen Beziehung ist dies ein unvermeidliches Ereignis. Wenn Sie sich selbst bemitleiden, zerstören Sie in sich etwas. Das dürfen Sie nicht zulassen. In einer griechischen Tragödie spricht die trauernde Frau über ihren toten Mann gebeugt: ‹Der Tod, den dein Tod mir verursacht hat, ist schlimmer als der Tod, den der Tod dir verursacht hat.› Dies macht einen Todesfall zu einer doppelten Tragödie! Das ist unnötig und unverantwortlich. Es ist auch überflüssig und darf nicht geschehen.

f) Depression. «Es ist mir alles egal.» Das ist üblicherweise der Tiefststand, auf dem die Trauer anlangt. Sie dürfen in dieser Depression nicht verharren; Sie werden nun in die

g) letzte Phase der Trauer gelangen – in die Erneuerung. Die Depression ist vielfach die Dunkelheit vor der Morgendämmerung. «Die Tränen mögen eine Nacht lang andauern, doch am Morgen kommt die Freude.»
Jeremia, der klagende Prophet der Bibel, war in einer Phase der tiefsten Depression, als er sagte: «Er verstiess meine Seele aus dem Frieden. Des Glücks vergass ich.» (Klagelieder 3, 17). Dann kam Gott im Geiste zu Jeremia, und Jeremia fand die Erneuerung! Ein neues Leben! Hören Sie auf seine Worte, mit denen er schildert, wie er aus der Dunkelheit heraus fand:

«Das will ich zu Herzen nehmen, darum will ich hoffen: Die Guttaten des Herrn sind noch nicht aus, ja, sie sind noch nicht zu Ende. Jeden Morgen neu ist sein Erbarmen, und gross ist seine Treue.» (Klagelieder 3, 21–23).

Wenn Sie unter der Spannung der Trauer leiden, denken Sie daran, dass Sie ihr in eigener Verantwortung entgegentreten können und müssen. Verändern Sie Ihre Denkgewohnheiten. Man wird von der Trauer erlöst, wenn man die Vergangenheit hinter sich zurücklässt und sich der verheissungsvollen Zukunft zuwendet. Doch zuerst ist entscheidend, dass Sie sich in Ihrem Schmerz ausweinen!

2. Lassen Sie Ihrem Schmerz freien Lauf – sonst vergrössert er sich. Die Spannung der Trauer muss wie alle anderen Spannungen abgebaut werden, sonst kann und wird sie ernsthafte und sogar unergründliche Probleme hervorrufen, Probleme, die scheinbar nicht miteinander zusammenhängen.

Wenn sich Ihrer ein unerträgliches Gefühl der Trauer bemächtigt, so ist es nur normal, dass Sie Ihrem Schmerz freien Lauf lassen und weinen. Dies gilt für Frauen wie für Männer, obschon einige Männer der Ansicht sind, Weinen sei ein Zeichen der Schwäche. Falsch. Weinen Sie ruhig. Was uns nicht als Tränen aus den Augen fliesst, quält uns in unserem Innern: der Schmerz staut sich in unserem Herzen. Der Drang zu weinen ist ein von der Natur vorgesehenes Ventil, durch das unsere Spannungen abfliessen können.

Drücken Sie Ihren Schmerz und Ihre Trauer aus, und verschaffen Sie sich durch die Tränen Erleichterung. Dies ist ein heilendes Weinen. Heftiges, befreiendes Weinen ist beileibe kein Zeichen schwachen Glaubens oder grosser Schwäche. Gott hat uns mit diesem Drang geschaffen. Lassen Sie sich gehen, und weinen Sie! Darin finden Sie neue Kraft, Ruhe und Ausgeglichenheit.

Jetzt, da Sie sich ausgeweint haben, müssen Sie zum Leben zurückkommen.

Jeder von uns hat schon einmal von jungen Männern und Mädchen gehört, die kurz vor der Hochzeit den geliebten Menschen verloren haben und dann das ganze restliche Leben trauernd und unverheiratet zugebracht haben. So romantisch dies auch zu sein scheint, so ist es doch weder heilsam noch im Sinne Gottes. Gott hat uns versprochen: «Siehe, ich mache alles neu.» (Offenbarung 21,5). Gott will, dass Sie ein neues Leben beginnen. Beginnen Sie es mit klaren, neuen und positiven Gedanken. Sagen Sie sich, dass es möglich ist, das Leben wieder zu geniessen. Es gibt immer einen Weg, wenn wir ihn suchen und auch suchen wollen. Die drei Buchstaben des Wortes *WEG* bedeuten hier für uns folgendes:

*W*ollen - Sie müssen einen Weg finden wollen.

*E*ntdecken - Machen Sie neue Entdeckungen. Suchen Sie in verschiedenen Richtungen. Entdecken Sie neue Interessen, neue Bekanntschaften.

*G*lauben - Glauben Sie an Gottes Wille. Wir verstehen manchmal nicht, können aber sicher sein, dass Gott für uns neues Glück vorgesehen hat. Glauben Sie an das künftige neue Glück.

3. Werden Sie durch neue Gedanken ein neuer Mensch. Versuchen Sie zum Leben zurückzukommen, indem Sie die vielen Erinnerungen, die Sie bedrücken und niedergeschlagen machen, über Bord werfen. Es ist immer schmerzhaft, sich von Dingen zu trennen, die dem geliebten Menschen gehört haben. Aber es muss sein. Sie müssen Kasten um Kasten durchsehen, die Schubladen leeren und die laufenden Geschäfte übernehmen. Und genau gleich gehen Sie durch Ihre Gedankenwelt und löschen die entsprechenden Erinnerungen an das Vergangene.

Nach der Trauerzeit müssen Sie innerlich wieder fest werden, um zu vergessen. Ja, Sie müssen bereit sein, den verstorbenen

Geliebten, den verstorbenen Vater, das verstorbene Kind, den verstorbenen Bruder oder Freund zu vergessen. Das klinge grausam? Wahrscheinlich würden Sie Schuldgefühle bekommen, wenn Sie wirklich vergässen. Die Wahrheit ist die, dass schmerz- und trauererfüllte Menschen nicht vergessen wollen. Sie glauben, dass sie - solange sie nicht vergessen - den Menschen, der sie in seiner leiblichen Gestalt verlassen hat, nicht völlig verloren haben. Zu einer Witwe sagte ich: «Sie haben den Tod Ihres Mannes nie wirklich akzeptiert. Das müssen Sie aber. Haben Sie je zu sich oder zu anderen gesagt: ‹Mein Mann ist gestorben›?» - «Nein», war ihre Antwort.

Darauf sagte ich ihr: «Sie müssen aber. Sie werden es mir nun sagen. Sagen Sie mir diese Worte nach: Mein Mann ist gestorben.»

Obwohl es ihr sichtlich schwerfiel und schmerzlich war, wiederholte sie meine Worte. Dann sagte ich: «Würden Sie nun bitte Ihrem verstorbenen Mann etwas sagen.» Ich schlug ihr vor, das Folgende laut zu sagen: «Liebster, seit du gegangen bist, habe ich nur einen Menschen geliebt: dich. Ich muss aufhören, dich zu lieben, denn wenn ich dich liebe, kann ich andere Menschen nicht so gerne haben, wie ich sollte. Liebster, ich muss dich nun vergessen. Ich weiss, dass du verstehst.» Ich schlug ihr vor, diese Worte in den nächsten Wochen immer wieder zu sagen. In der kommenden Zeit begann die Frau dadurch zu erkennen, dass ihr Leben noch nicht zu Ende war und dass Gott wollte, dass sie weiterlebte und ihr Leben neu gestaltete. Mein Ratschlag erwies sich als wirksame geistige Therapie. So fand die Frau zum Leben zurück.

Im Verlaufe unseres Gesprächs hatte ich sie gefragt: «Glauben Sie, das Sie Ihren Mann seit seinem Tode noch mehr lieben als zuvor?» - «Ja, das tue ich.» - «Haben Sie mit ihm gestritten, seit er gestorben ist?» - «Wie meinen Sie das?» - «Haben Sie in Ihrem Innern mit ihm seit seiner Beerdigung eine Auseinandersetzung gehabt?» - «Natürlich nicht!» - «Aber haben Sie mit ihm zu seinen Lebzeiten gestritten?» Sie bejahte diese Frage. «Somit ist die Liebe, die Sie seit seinem Tode für ihn empfinden, keine realistische Liebe», betonte ich. «Es ist keine auf Vernunft gegründete Liebe, nicht einmal eine intelligente Liebe. Es ist eine neurotische Liebe. Seit Ihr Mann tot ist, ist er für Sie fehlerlos. Es ist höchste Zeit, dass Sie ein neues Leben beginnen und mit Hilfe neuer Gedanken neue Liebe entdecken.»

Wenn Sie jetzt in Trauer sind, dann begraben Sie die Erinnerungen an das Geschehene. Zermürbende, niederdrückende und leidgeprägte Gedanken müssen abgestossen werden. *Alte Erinnerungen machen die Menschen morsch.* Befreien Sie sich von den abgestandenen, schalen, nutzlosen Erinnerungen und Sorgen der Vergangenheit.

Hören Sie auf, diese Erinnerungen zu hegen und zu pflegen, zu hätscheln und zu verzärteln. Wie Betäubungsmittel führen diese Visionen des Vergangenen zu falscher, unrealistischer Einschätzung der Wirklichkeit. Unter ihrem hypnotischen Zwang leben Sie nur in einer tagträumerischen, negativen Phantasiewelt. Gestern ist vorbei. Heute ist ein neuer Tag, reich an Gottes neuen Gnadentaten. Stellen Sie sich Ihren Weg zu einem strahlenden, neuen Leben in strahlenden, neuen Gedanken vor.

4. Ersetzen Sie falsche Gedanken durch wahre Gedanken. Jesus versprach: «Ihr werdet die Wahrheit wissen, und die Wahrheit wird euch befreien.» Es gibt zwei grundfalsche Gedanken, die sich im Kopf eines in Trauer verharrenden Menschen breitmachen:

Ich werde das nie überwinden. Falsch! Sie werden zwar wegen des Geschehenen nie wieder der gleiche Mensch sein, doch die Wunde wird mit der Zeit heilen. Sie werden es überwinden.

Ich habe alles verloren. Auch falsch! Sie haben niemanden verloren, sondern sind von ihr oder ihm getrennt worden.

Doris Day, von ihren herrlichen Filmen her Millionen von Menschen bekannt, machte eine gramvolle Zeit durch, als ihr Mann vor einigen Jahren starb. Zu jener Zeit weihte sie mich in ihren Kummer ein und erzählte mir, wie sie zum Leben zurückkam: «Terry, mein Sohn, hat mir geholfen. Ich sass in meinem Schlafzimmer in Palm Springs und weinte. Terry kam zu mir, und ich sagte zu ihm: ‹Ich wollte, ich könnte so stark und tapfer sein wie du.› Darauf fragte er mich, ob ich wirklich tapfer sein wolle. Ich nickte. Er sagte dann: ‹Du kannst es. Hör auf zu weinen. Beginn wieder zu arbeiten. Du kannst zehn Jahre lang weinen, aber es hilft nichts. Das kannst du tun, du kannst aber auch jetzt gleich aufhören.› Daraufhin kehrte mein Glaube zurück. Ich habe während Jahren in der Bibel gelesen. Ich erinnerte mich an die Worte: ‹Wer lebt und an mich glaubt, wird nie sterben.› Dies hat mir gewaltige Kraft verliehen. Gott verspricht das ewige Leben. Ich fragte mich selbst: Doris Day, glaubst du an die Bibel und an Gott? Wenn ja, schieb diese Worte nicht länger von dir, sondern nimm sie auf. Wenn du Nahrungsmittel in einen Kasten hineinschiebst und dort lässt, gehen sie zugrunde. Nimm sie zu dir, und sie werden dich nähren. Es wurde mir bewusst, dass es widersinnig wäre, Gottes Versprechen nicht aufzugreifen. Und ich wollte nichts Widersinniges machen. Heute trauere ich nicht mehr. Ich sehe meine lieben Menschen, die von uns gegangen sind, im Jenseits. Sie lächeln mir zu: ‹Du hast recht.›»

Sie schloss ihre Geschichte mit den Worten: «Wenn wir in einem Flugzeug fliegen und dieses in ein Luftloch gerät, sackt es ab und das verschlägt uns den Atem. Doch das Flugzeug gewinnt wieder an Höhe. Es kommt wieder auf die vorherige Höhe zurück. Und genau so ist es, wenn wir einen lieben Menschen verlieren. Wir sinken in die Tiefe. Wir ringen nach Luft. Aber schon bald spüren wir die erhebende Kraft von Gottes erneuerndem Geiste.»

Wenn Ihr Leben durch die Spannung der Trauer stillstehen will, dann gewinnen Sie aus Doris Days Erfahrung wieder Mut. Es *ist* möglich, zu einem freudvollen, aktiven Leben zurückzukehren, in dem sich die Wolken verzogen haben und in dem die Sonne wieder scheint.

5. Denken Sie an das, was Sie zurückgelassen haben, und nicht an das, was Sie verloren haben. Verwenden sie nie das negative Wort «verloren». Dieses Wort ist eine wahre Gefühlszeitbombe. Sobald man es ausspricht oder hört, beginnt es zu zerstören. Unser Unterbewusstsein vermag das Logische nicht vom Unlogischen zu trennen. Derart gefühlsmässig aufgeladene Wörter verwirren die Gedanken. Vermeiden Sie überhaupt alle Wörter, die irgendwie negativ sind. «Verloren» ist ein solches Wort. Ich erinnere mich noch heute, wie ich in meiner jugendlichen Unbefangenheit Dr. Poling schrieb und ihm zum Tode seiner Frau kondolierte. Ich hatte dabei das hässliche Wort «verloren» verwendet. Er antwortete mir mit gewohnter Höflichkeit, doch seine Antwort hat mich stark berührt. «Meine liebe Frau ist nicht verloren. Sie ist von mir gegangen, und ich weiss, wo ich sie wieder finden werde.»

Wenn ein lieber Mensch, der einem sehr nahegestanden hat, gestorben ist, hört man oft die Bemerkung: «Ich habe *alles* verloren.» Es gibt im Leben jedoch nie eine Situation, in der *alles* verloren ist.

Ein Witwer sagte dies zu mir, kurz nachdem seine Frau gestorben war. Ich bat ihn, sich zu setzen und mit mir zusammen das Positive in seinem Leben zu suchen und zu überdenken. Hatte er Kinder? Ja, aber sie waren erwachsen und verheiratet, und er sah sie nur selten. Aber er liebte sie, und sie besuchten ihn von Zeit zu Zeit. Hatte er Freunde? Ja, aber sie waren ihm natürlich nicht so nahe, wie es seine Frau gewesen war.

Tatsache war immerhin, dass er nicht alles verloren hatte. Es gab immer noch sehr viele Menschen in seinem Leben. Und heute ist er wieder glücklich verheiratet! Warum neigen so viele Menschen dazu, nur das zu sehen, was sie nicht haben oder was sie verloren haben, statt das, was sie nach wie vor haben? Das ist nichts anderes als eine Form negativen Denkens.

Verweilen Sie nicht bei dem, was vorbei ist. Denken Sie nur an das, was Sie besitzen. Ihr Leben wird dadurch viel glücklicher. Sie vertreiben dadurch die Wolken der Trauer.

Eine Frau, die nie geheiratet hatte und mittlerweile alt geworden war, kam einst zu mir und bemerkte: «Ich verliere alles, was ich habe.»

«Sie verlieren nie alles», erwiderte ich. «Es bleibt für Sie mindestens ein Mensch. Das bin ich. Ich werde Sie nie im Stich lassen. Und so oder so gibt es Gott. Er wird Sie nie verlassen.»

6. Vergeben Sie sich. Schuldgefühle sind offenbar immer mit den Gefühlen der Trauer verbunden. Wenn ein Mensch, der einem nahegestanden hat, stirbt, macht sich in einem irgendwie das Gefühl breit, man sei dafür verantwortlich. So sagt man sich etwa: «Ich hätte den Arzt früher rufen sollen» oder «Wenn ich sie oder ihn bloss nicht allein gelassen hätte» oder «Warum habe ich nicht gemerkt, dass ... » oder «Warum habe ich nicht darauf bestanden, dass ...».

Zahllose Gedanken gehen einem durch den Kopf, sobald man den Tod jenes Menschen mit etwas in Verbindung bringt, was man gemacht oder nicht gemacht hat. In praktisch allen Fällen liegt in diesen Überlegungen überhaupt nichts Wahres. An einer Beerdigung, die ich einst als Pfarrer leitete, liess sich die Witwe auf den Sarg ihres verstorbenen Mannes niederfallen und schrie laut auf: «Vergib mir, vergib mir! Warum habe ich bloss an all den Einladungen teilgenommen und dich so oft allein gelassen?»

Als ich die Frau, die mit ihrem Mann überaus glücklich verheiratet war, wegführte, versuchte ich, sie zur Vernunft zu bringen und sie zu beruhigen, aber sie war überhaupt nicht ansprechbar.

In den folgenden Wochen wurde sie seelisch sehr krank. Sie hörte auf, sich des Lebens zu freuen, ging nicht mehr aus und empfing niemanden mehr – nicht einmal die alten Freunde.
Als ich sie besuchte, fragte ich sie: «Haben Sie sich schon vergeben?» – «Was wollen Sie damit sagen?» – «Erinnern Sie sich noch, was Sie sagten, als Sie von Ihrem Mann Abschied nahmen?» Sie hatte keine Ahnung, worauf ich hinauswollte.
Als ich es ihr sagte, war sie erstaunt: «Das soll ich gesagt haben? Nein.» Sie hatte die Worte anscheinend im Unbewussten «vergraben», genauso wie die Gedanken, die sie diese Worte sagen liessen. Als sie hörte, wie ich ihre Worte wiederholte, begann sie sich an die Schuld zu erinnern, die sie tief in ihrem Innern verborgen hatte. Als sie sich dessen bewusst wurde, vermochte sie auch dieses Schuldgefühl zu bekämpfen und abzubauen.
Die Wahrheit ist, dass niemand von uns für seine Lieben in dem Masse die Zeit, Aufmerksamkeit und Liebe aufbringt, wie wir glauben, dass wir es tun sollten. Wenn wir es täten, würden wir allerdings allzu nachsichtig, und das wäre letztlich ungesund. Schuldgefühle sind verständlich, wesentlich ist aber, dass wir uns selber vergeben.

7. Stärken Sie Ihre Seele. Trauer erzeugt sehr rasch einmal Selbstmitleid, sobald Sie sich fragen: «Warum ist das ausgerechnet mir geschehen!»
Ihr Herz mag gebrochen sein, Sie müssen sich aber unbedingt in den Fingern haben, Sie müssen um jeden Preis das vernichtende Selbstmitleid von sich halten, das die Trauer nur ins Unendliche zieht.
Sehr, ja allzu oft wird das Selbstmitleid durch die Anteilnahme der Freunde und Verwandten hervorgerufen, genährt und aufrechterhalten. Sie glauben Ihnen mit grossem und andauerndem Mitgefühl zu helfen. Statt sie zu stärken, schüren sie aber damit nur ihr Selbstmitleid.
Im Verlaufe eines Telephongesprächs mit einer Frau, die vor

Monaten ihren Mann verloren hatte, sage ich, dass ich ihr von Herzen gerne helfen wolle, die einzige Möglichkeit, ihr zu helfen, aber die sei, ihr weh zu tun. Ich fragte sie, ob sie meine Hilfe haben möchte. Sie bejahte dies. «Ich muss es Ihnen sehr grob sagen: Sie haben nun jede Menge Zeit gehabt, von Ihrem Kummer zu sprechen und über Ihr Leid zu klagen. Jetzt ergehen Sie sich in Selbstmitleid. Selbstmitleid ist ein negatives Gefühl. Es schwächt Sie und beraubt Sie der Möglichkeit, ein frohes Leben zu führen. Reissen Sie sich zusammen. Hören Sie auf, sich wie ein Kind aufzuführen. Werden Sie erwachsen!» Das war wohl sehr hart, doch diese verbale Ohrfeige erschreckte sie so sehr, dass sie sich zu überlegen begann, was sie sich selber antat. Es half. Sie begann ein neues Leben.

Bedenken Sie bitte, dass niemand Sie so hart behandelt, wie Sie sich selber behandeln müssen. Um das Selbstmitleid los zu werden, müssen Sie mit sich sehr hart sein. Seien Sie nett mit sich selber, wenn es darum geht, sich selbst zu vergeben, seien Sie hart mit sich, wenn es um Selbstmitleid geht.

Es ist keineswegs leicht, das Selbstmitleid los zu werden. Wie macht man das am besten?

Beginnen Sie mit der Frage: «Bin ich denn etwas Besonderes, dass mir dieses Leid hätte erspart bleiben sollen? Tag für Tag erfahren es schliesslich unzählige Menschen: Reiche, Arme, Privilegierte und Benachteiligte, Zufriedene und Unzufriedene. Einige der überragendsten Gestalten der Bibel, jene, die Gott am nähesten waren, haben ähnlichen Schmerz erlitten.»

Reden Sie sich dann unbarmherzig zu: «Ich führe mich auf wie ein Kind. Werde nun endlich erwachsen. Schliesslich bist du erwachsen und sollst dich auch so benehmen. Reiss dich zusammen und überwinde jetzt dieses Leid. Du hast noch viele Jahre vor dir. Willst du diese elend oder fröhlich verleben?»

Halten Sie sich jeden Tag eine gehörige Strafpredigt, bis die letzten Reste des Selbstmitleids vertrieben sind.

8. Geben Sie auf Ihren ärgsten Feind acht. Ich kenne einen Mann, dessen Kind in jungen Jahren ertrunken ist. Von jenem Augenblick an gab es Gott für ihn nicht mehr; er wurde überzeugter Atheist.

Als er dann gegen sechzig ging, wurde er infolge einer Reihe von Ereignissen gläubig. Nach mehreren Jahren persönlicher und geschäftlicher Enttäuschungen fiel er in tiefe Depressionen und nicht endendes Elend. In seiner Verzweiflung stellte er die Telephonnummer unseres Hilfsdienstes ein. Von jener Nacht an, in der ihm geistlicher Trost gegeben wurde, fand er einen so starken Glauben, wie er ihn zuvor nie gekannt hatte. Durch diesen Gottesglauben erkannte er sich selber in einem Masse, wie er es nie für möglich gehalten hätte.

Heute sagt er: «Während der 56 Jahre meines Lebens war mein grösster Feind nicht irgendein Mensch. Es war ein Wort. Und dieses Wort heisst ‹warum›. Warum? Warum? Warum? Wie oft habe ich mich dies immer wieder, wenn mir etwas zustiess, gefragt! Nach elenden Jahren machte ich die Entdekkung meines Lebens: das Leben will genossen werden.»

Warum? Das ist eine Frage, auf die Gott nie antwortet. Sogar Jesus Christus stellte sie, als er am Kreuz starb. «Gott, mein Gott, warum hast du mich verlassen?» Der Grund, weshalb Gott auf diese Frage nie eine Antwort gibt, ist der, dass wir nicht bereit sind, die tragische Wirklichkeit des Lebens anzuerkennen. Gott weiss, dass wir im Grunde genommen keine Erklärung wollen, sondern einen Einwand anbringen möchten.

Wenn die Mutter ihr Kind heisst, dieses oder jenes zu machen, reagiert das Kind vielfach mit der Frage: «Warum muss ich das machen?» Es will aber keine Erklärung. Es sucht vielmehr einen Ausweg, eine Möglichkeit, es nicht machen zu müssen. Deshalb antwortet auch Gott nicht auf unser «Warum?». Er will nicht in eine Diskussion verwickelt werden. Er braucht uns seine Gründe nicht bekanntzugeben. Wir müssen das Warum vergessen, wenn wir tragisches Leid erfahren.

Ihr ärgster Feind beim Wiederfinden des seelischen Gleichgewichts könnte dieses eine Wort «Warum?» sein.

9. Finden Sie am Leben wieder Spass. Wenn Sie vom Leid erdrückt und mit Schuldgefühlen beladen sind, finden Sie am Leben keine Freude mehr. Und wenn Sie sich beim Gefühl, an etwas Spass zu haben, ertappen, wachsen die Schuldgefühle nur noch. Sie sagen sich: Ich dürfte mich daran nicht freuen. Ich müsste eigentlich meinen Sorgen nachsinnen. Eine solche Reaktion mag normal sein, sie ist jedoch unsinnig. Gott will, dass Sie am Leben wieder Freude haben. Jesus hat gesagt: «Ich bin gekommen, damit ihr ein froheres und reicheres Leben habt.» Dies bedeutet nicht, dass Ihre Lebensfreude mit dem Tode eines geliebten Menschen aufhören soll. Sie haben ein Recht auf Ihre Trauerzeit, aber wenn diese vorbei ist, sollen Sie wieder lachen. Freuen Sie sich an den Abertausenden von herrlichen Sachen auf dieser Welt. Wenn Sie an einem schönen Tag im strahlenden Sonnenschein spazierengehen und den klaren, blauen Himmel sehen, die Vögel zwitschern hören und die spielenden Kinder sehen, so schlägt Ihr Herz schneller, und Sie verspüren in Ihrem Innern eine grosse Lebensfreude. In einem solchen Falle denken manche Menschen: Wie kann ich mich an diesem Tag nur freuen – er oder sie ist nicht mehr da, um sich mit mir zu freuen.
Lassen Sie solche Gedanken sein! Gott hat den herrlichen Tag zu Ihrer Freude geschaffen. Es gäbe ihn nicht, wenn Gott nicht möchte, dass Sie sich an diesen Schönheiten freuen und sie geniessen.
Finden Sie am Leben wieder Spass. Weisen Sie die Lebensfreude nicht von sich, schliessen Sie sie nicht aus. Der Mensch, der gestorben ist, möchte nicht, dass Sie ein freudloses Leben fristen, in dem fröhliches Lachen keinen Platz mehr hat!

10. Wenn Sie aus Ihrer Trauer etwas machen, verlässt sie Sie. Im Leid gibt es für Sie zwei Möglichkeiten. Entweder fühlen

Sie sich stärker zu Gott hingezogen, oder Sie entfernen sich von ihm. Entweder werden Sie ein besserer Mensch, oder Sie werden ein schlechterer. Entweder nimmt Ihre Herzlichkeit zu, oder Ihre Gefühlskälte wächst. Sie werden entweder ein abweisenderer Mensch oder dann ein freundlicherer, netterer, mitfühlenderer. Ihr Leid lässt diese beiden Wege offen. Sie allein haben die Macht zu entscheiden, was geschehen soll! Denken Sie nach - und Ihr Herz wird folgen. Die einzige Art zu handeln heisst positiv handeln, nicht negativ. Sie schulden dies dem Verstorbenen, Sie schulden es sich selbst, und Sie schulden es denen, die mit Ihnen zusammen leben. Sie haben kein Recht, sich egoistisch in gramvoller Trauer zu ergehen und ihnen die Freude am Leben zu verderben. Und Sie schulden es Gott! Er weiss, was es heisst, einen Sohn zu verlieren!

Neue Beweise für ein Leben nach dem Tode

Nach dem christlichen Glauben ist die Seele seit jeher unsterblich. Während Jahrhunderten ist für den Christen Jesus an Ostern auferstanden; alle Menschen werden ihn im «Jenseits» treffen, wenn ihre «Seelen diesen Körper verlassen». Heute hat mindestens eine bekannte Psychiaterin, die sich auf die Erforschung des Todes und des Sterbens spezialisiert hat, Ergebnisse veröffentlicht, welche den herkömmlichen Glauben bestätigen und seine Richtigkeit praktisch «beweisen».
Dr. Elisabeth Kübler-Ross ist davon überzeugt, dass das psychische Leben des Menschen nach seinem biologischen Tode fortbesteht.
Sie führte unzählige Gespräche mit Sterbenden und studierte viele Todesfälle, auch solche von Menschen, die als klinisch tot erklärt wurden, später aber wieder zum Leben erwachten. In diesen Fällen - so ihre Feststellung - bestehe immer das Gefühl, dass man den Körper verlässt und dass jene, die man zurücklässt, sich bemühten ihn wiederzuerwecken. Jene Men-

schen sagen auch aus, dass sie im Tode «Friede und Ganzheit» spürten und sich mit jemandem, der bereits gestorben war, trafen.

Sie sagt, dass sie nicht an ein Leben nach dem Tode glaube; sie wisse aber, dass es bestehe. Im Verlaufe ihrer 10jährigen Forschungsarbeit sei sie auch religiöser geworden, wogegen sie bei Beginn ihrer Arbeit einfach eine «farblose Protestantin» gewesen sei.

Ihr Buch «Interviews mit Sterbenden» ist zu einem Standardwerk für jene geworden, die Sterbenden beistehen. Sie sagt, dass ihre Untersuchungen dazu beitragen, die Aussagen über das Leben nach dem Tode zu bestätigen.

In Ihrem Innersten können Sie unendliche Kraft finden, wenn Sie die wunderbare Botschaft glauben, die Gott den Menschen hat zukommen lassen. «Wer in mir lebt und an mich glaubt, wird nie sterben.»

Damit wissen wir, wie wir die Spannung der Trauer abbauen können. Wie gehen wir aber nun bei den kleinen alltäglichen Ärgernissen vor?

6. Wie man mit alltäglichen Spannungen fertig wird

«Es ist nicht der Berg mitten auf dem Weg, sondern das Sandkorn im Schuh, das manchen Reisenden anhalten lässt.»
Lernen Sie deshalb, wie man sich von den alltäglichen Spannungen befreit, die den Geist verwirren, die schöpferischen Kräfte unterdrücken und, mehr als manche glauben, der Gesundheit schaden.
Stress ist die Hauptursache vieler seelischer und geistiger Krankheiten. Die negativen Gefühle, die zu Stress führen, sind ebenfalls für viele physische Störungen verantwortlich.
Bereits 1875 schrieb John Ruskin, der bekannte Kunstkritiker und Schriftsteller: «Die Gefühle der Entrüstung, der Trauer, der Widersprüchlichkeit und der Eitelkeit wie auch der ausweglosen und unwidersprochenen Verachtung sind für den Körper ebenso tödlich wie giftige Luft oder verschmutztes Wasser.»
Ruskin war von der Tatsache schockiert, dass so viele Menschen kurz nach fünfzig starben, in einem Alter also, wo sie doch erst richtig einer schöpferischen Leistung fähig sind. Er hat es offenbar verstanden, jene negativen, spannungerzeugenden Gefühle, von denen er berichtet, aus seinem Innern zu vertreiben, lebte er doch ein langes und schöpferisches Leben, bis er dann im Alter von 82 Jahren starb.
In jüngerer Zeit hat der kanadische Forscher Hans Selye über die Auswirkungen des Stresses und der Spannung auf Geist und Körper geschrieben. Was Ruskin intuitiv spürte, bewies Selye wissenschaftlich.
Das nationale Gesundheitsamt der Vereinigten Staaten gab bekannt, dass einer von fünf Amerikanern entweder einen Nervenzusammenbruch erleidet oder kurz davor steht. Man schätzt, dass jeder zehnte Mensch geistig so gestört ist, dass eine fachkundige Behandlung angezeigt ist.

Doch Sie müssen nicht einer der fünf oder einer der zehn Menschen sein, die dem erbarmungslosen Angriff der negativen Gefühle ausgesetzt sind. Jeder von uns wird ab und zu von kleinen, alltäglichen Ärgern und Unpässlichkeiten heimgesucht. Wir alle wissen, dass das Leben voll von Schwierigkeiten, Problemen, kleinen und grossen Sorgen, Tragödien und Enttäuschungen ist. Wir spüren oft gar nicht, dass uns ein Hindernis vor dem Glück und dem Erfolg steht.
Sobald wir aber die Kraft des positiven Denkens gegen die kleinen, alltäglichen Spannungen einsetzen, finden wir die innere Ruhe.
Es gibt zehn hauptsächliche Spannungsarten, die auf unser Leben verheerende Auswirkungen haben können. Wir wollen sie analysieren und einige einfache Möglichkeiten kennenlernen, sie zu bekämpfen.
Schafft Ihnen eine oder mehrere der folgenden Spannungen Schwierigkeiten?

1. Minderwertigkeit
2. Unsicherheit
3. Not
4. Verwirrung
5. Angst
6. Reizbarkeit
7. Unfähigkeit
8. Entwürdigung
9. Starrheit
10. Mangel

Jetzt, da Sie diese Spannungsarten beim Namen kennen, fällt es Ihnen leichter, jene herauszufinden, welche Ihre schöpferischen Gedanken blockieren und Sie vom Erreichen der Ziele abhalten, die Sie sich gesteckt haben.

Entdecken Sie sie, um sie zu verjagen, und zwar so:

1. Suchen Sie einen dynamischen positiven Gedanken.

2. Wiederholen Sie aussagekräftige positive Bibelverse.

Nun wollen wir diese schrecklichen Zehn aufspüren, einen um den anderen.

Spannung Nr. 1: Minderwertigkeit

Jene Menschen, die sich wegen ihrer vermeintlichen Unzulänglichkeit dauernd selbst beschimpfen, leiden an der Spannung der Minderwertigkeit.

Ein solcher Mensch, der davon gequält ist, wird oft sagen: «Ich bin nicht intelligent; alle, mit denen ich zu tun habe, sind viel klüger als ich.» Oder: «Ich habe im Leben nichts erreicht, ich bin ein Versager.» Oder: «Niemand mag mich.» Oder: «Ich bin nicht sehr attraktiv, im Grunde genommen bin ich hässlich.»

Sagen Sie das auch? Gehören Sie auch zu den Menschen, die sich dauernd schlechtmachen?

Wenn dem so ist, so dürfte Ihre Meinung von sich selbst - wie übrigens bei allen diesen Menschen - sehr unzutreffend sein. Sie sind besser, als Sie denken. Da gibt es keinen Zweifel. Die meisten Menschen sind besser, als sie meinen. Aber wie kommt man zu dieser Einsicht?

Der wichtigste Schritt ist der, dass man begreift, dass die Einstellung, sich selbst zu verurteilen, nicht von Gott kommt. Sagen Sie sich: «Ich bin nach Gottes Plan geschaffen, und Gott irrt sich nie.» Nehmen Sie Gottes Liebe an, und lassen Sie Ihn in Ihr Leben ein.

In jedem von uns gibt es brachliegende und unbegrenzte Möglichkeiten. Diese entdecken Sie, sobald Sie sich dem göttlichen Plan unterziehen, der für Ihr Leben geschaffen wurde. Vielleicht haben Sie eine Karriere geplant oder ein Projekt verfolgt, die Ihnen nicht bestimmt waren. Wenn Sie die Kraft des Glaubens an Gott voll und ganz einfliessen lassen, finden Sie die Ihnen bestimmte Aufgabe viel leichter.

Nicht alle Lebenserfolge beruhen auf beruflicher Karriere. Es gibt viele Wege, um zur Selbstverwirklichung zu gelangen. Ihr Wert als Mensch wird und soll nicht am Geld, das Sie verdienen, oder am Titel, der auf Ihrem Türschild prangt, gemessen werden. Einige der erfolgreichsten Menschen auf dieser Welt haben ihren Rang dadurch verdient, dass sie anderen halfen. Denken Sie doch an die Geschichte von Gunga Din, dem bescheidenen Inderjungen in Rudyard Kiplings Gedicht. Während die britischen Soldaten in Indien unter der brütenden Tropensonne verbissen kämpften, eilte Din immer wieder über das Schlachtfeld und brachte den Männern kühlendes Wasser. Als dann der gläubige Inder von einer feindlichen Kugel getroffen wurde, sagt der Erzähler, ein rauher alter Soldat, von ihm: «Du bist ein besserer Mensch als ich, Gunga Din.»

Um diese negative, schädliche Selbstkritik loszuwerden, lesen Sie bitte den folgenden heilbringenden Bibelvers aus dem achten Psalm - wiederholen Sie ihn immer wieder, lernen Sie ihn auswendig:

> Was ist doch der Mensch,
> dass du seiner gedenkst?
> und des Menschen Kind,
> dass du dich seiner annimmst?
> Du machtest ihn wenig geringer als Engel,
> mit Ehre und Hoheit kröntest du ihn.

Vergessen Sie nie, dass Sie Gottes Idee sind. Denken Sie daran, dass Gott nur an grosse Ideen denkt.

Spannung Nr. 2: Unsicherheit

Minderwertigkeitsgefühle führen oftmals zu Unsicherheit. Sie wissen ja, wie der unsichere Mensch denkt: Wenn er nichts hat, meint er schon, er werde immer nichts haben. Und wenn er materiell Erfolg hat und wertvolle Gegenstände besitzt, hat er ständig Angst, es zu verlieren. Wenn etwas schiefgeht, murrt und klagt er. Wenn alles wie am Schnürchen läuft und zum Allerbesten steht, denkt er: Das geht zu gut, das kann nicht andauern.

Er sieht immer nur, was er nicht hat, statt zu sehen, was er hat.

Die Spannung der Unsicherheit erzeugt einen ständigen Zustand des quälenden, zermürbenden Unglücklichseins. Unsicherheit drängt Sie in die Defensive; zudem werden Sie wegen imaginärer Missliebigkeiten Ihren Mitmenschen gegenüber aggressiv. Der unsichere Mensch kann unter Umständen grosssprecherisch sein; er versucht vielfach auch, die anderen zu unterdrücken. Oder dann zieht er sich zurück, versteckt sich und entzieht sich den Herausforderungen des Lebens. In beiden Fällen wird er nervös, empfindlich, pessimistisch, scheu, niedergeschlagen oder arrogant. Diese Einstellung zum Leben bewirkt aber nur, dass sich die Minderwertigkeitsgefühle und die Unsicherheit noch verstärken. Die anderen Menschen meiden Menschen mit aggressivem Verhalten, aber auch solche, die verschlossen, unsicher und sonderbar sind.

Sobald Sie erkennen, dass Gott nicht will, dass Sie unglücklich sind, und sobald Sie zu ihm eine enge Beziehung geschaffen haben, werden die Gefühle der Unsicherheit Sie langsam, aber sicher verlassen.

Lesen Sie diesen grossartigen Bibelvers immer wieder, und lernen Sie ihn auswendig: «Ist Gott für uns, wer mag wider uns sein?» (Römerbrief 8, 31).

Entspannen Sie sich nun in der Gewissheit, dass Gott Sie liebt und sich um Sie kümmert.

«Alle eure Sorge werfet auf ihn; denn er sorgt für euch.» (1. Petrusbrief 5,7). Gott hält die ganze Welt in seinen Händen. Auch Sie sind in seinen Händen. Sagen Sie sich jeden Tag: Ich weiss nicht, was morgen wird, aber ich weiss, wer morgen bestimmt.

Spannung Nr. 3: Not

Unsicherheit, die nicht abgebaut wird, bringt Not. Denn unsichere Menschen werfen angesichts von Schwierigkeiten die

Flinte ins Korn. Schwierigkeiten werden aber erst dann zur Not, wenn wir uns von ihnen besiegen lassen.

Denken Sie daran, aufzugeben, wenn Sie in einer schwierigen Lage sind, in einer Lage, die aussichtslos zu sein scheint?

Von der Spannung der Not niedergedrückt, fällt es Ihnen unendlich viel schwerer, Probleme anzupacken und zu lösen.

Denken Sie daran, dass es für jedes Problem eine Lösung gibt.

Wiederholen Sie immer wieder das Credo des positiv denkenden Menschen:

> Wenn ich auf meinem Weg plötzlich vor einem Berg stehe, gebe ich nicht auf.
> Ich kämpfe vielmehr, bis ich den Berg überwunden habe,
> ich finde einen Weg, einen unterirdischen Gang, oder ich
> verweile einfach und verwandle diesen Berg
> mit Gottes Hilfe in eine Goldmine.

Wenn Not Sie bedrängt, so setzen Sie ihr das Gebet entgegen. Und sagen Sie diesen entspannenden Bibelvers, wenn Sie keinen Ausweg mehr sehen und versucht sind, alles aufzugeben: «Wir wissen aber, dass denen, die Gott lieben, alle Dinge zum Guten mitwirken.» (Römerbrief 8, 28).

Denken Sie immer daran: *Harte Zeiten sind Zeiten, in denen sich der Glaube härtet.* Mit stärkerem Glauben, vermehrtem Beten und grösserem Vertrauen in Gott werden Ihre harten Zeiten in Ihre grössten Siege und Erfolge ausmünden. Wenn Sie aufgeben, werden Sie nie wissen, zu welch grossen Leistungen Sie im Grunde genommen fähig wären. Dank der Ausdauer werden die harten Zeiten zu den grossartigsten Zeiten.

Spannung Nr. 4: Verwirrung

Jeder Mensch erleidet mehrmals in seinem Leben die Spannung der Verwirrung. Verwirrung ist Unentschlossenheit. Die

Qual der Wahl besteht immer. Es gibt A, B oder C. Vielleicht besteht die Wahl auch darin, dass man nichts macht. Solche Entscheidungen müssen wir fast jeden Tag treffen.
Nun gibt es Menschen, die deswegen ständig verwirrt sind.
Wenn Sie zu ihnen gehören, wenn die Spannung der Verwirrung Sie daran hindert, je eine klare Entscheidung zu fällen, so verlieren Sie den Lebenselan. Sie werden nichts erreichen, nichts vollbringen. Sie bleiben zeit Ihres Lebens stehen. Auf einer kürzlich abgedruckten Witzzeichnung war ein Mann zu sehen, der im Wohnzimmer vor drei Fernsehapparaten sass. Jedes Gerät war auf einen anderen Kanal eingestellt. Im Hintergrund stand seine Frau und erklärte dem Nachbarn: «So muss er sich nicht entscheiden.»
Solche Entscheidungsunfähigkeit bringt nichts. Nichts Positives, nichts Aufbauendes, nichts Wichtiges.
Was tut man gegen diese Spannung der Verwirrung?
Bitten Sie Gott vertrauensvoll um Rat und Hilfe. Er wird Ihnen den Weg weisen. Er wird Sie leiten, auf dass Sie die richtige Entscheidung treffen. Er wird in Ihnen den Wunsch und den Mut wecken, die Entscheidung so zu treffen, wie sie nach seinem Willen richtig ist.
Heisst dies nun, dass jeder Entscheid automatisch die gewünschten Ergebnisse bringen wird? Nein, nicht immer. Aber Sie haben wenigstens entschieden. Irgendwie ist jeder Entscheid, den Sie treffen, für Sie nützlich.
Der Philosoph und Erzieher John Dewey schrieb: «Ein Mensch, der wirklich denkt, lernt von seinen Misserfolgen ebensoviel wie von seinen Erfolgen.»
Hier Ihre zwei hilfreichen Bibelstellen:
«In Stillehalten und Vertrauen besteht eure Stärke.» (Jesaja 30,15).
«Ich vertraue dabei eben darauf, dass der, welcher in euch ein gutes Werk angefangen hat, es vollenden wird bis zum Tage Christi Jesu.» (Philipperbrief 1,6).
Gehen Sie so vor: Denken Sie. Beten Sie. Vertrauen Sie. Dann

entscheiden Sie ohne Furcht. Vertrauen Sie darauf, dass Sie bei jeder Entscheidung etwas gewinnen. Wenn Sie dagegen nicht entscheiden, entscheiden Sie sich, nichts zu tun.

Spannung Nr. 5: Angst

Von unserem Jahrhundert sagt man oft, es sei das Jahrhundert der Angst. Fast jeder Mensch hat vor irgend etwas Angst. Die Älteren sind über das Verhalten der jungen Generation besorgt. Die Jungen sorgen sich um die Zukunft der Menschheit. Angst ist einer der besten (oder besser: schlechtesten) Spannungserzeuger überhaupt.

Ein Grossteil unserer Angst wird durch Schlagzeilen in Zeitungen und durch die Art, wie Nachrichten über Radio, Fernsehen und Presse verbreitet werden, verursacht. Charles L. Gould, der Herausgeber des «Examiner» in San Francisco, hat einmal einige positive Aspekte des Lebens aufgelistet. Es dürfte jedoch kaum vorkommen, dass einer der folgenden Tatsachen, die Gould zusammenstellte, in einer Zeitungsschlagzeile gebracht wird.

In diesem Jahr

- werden mehr als 196 Millionen Amerikaner nicht verhaftet,
- werden mehr als 89 Millionen verheiratete Amerikaner keine Scheidungsklage einreichen,
- werden mehr als 115 Millionen Amerikaner offiziell mit einer Religion verbunden sein und sich zu ihr bekennen,
- werden mehr als 75 Millionen Bürger und Gesellschaften über 160 Milliarden Einkommenssteuer zahlen,
- werden mehr als 4 Millionen Lehrer, Pfarrer und Berufsleute nicht streiken und an keinen Demonstrationen teilnehmen.

Viel von unserer Angst wird uns genommen, wenn wir nach den positiven Seiten des Lebens Ausschau halten. Das gilt nicht nur für die Betrachtung des ganzen Landes und der gan-

zen Welt, sondern auch für unser eigenes Leben. Wie viele Probleme Sie auch haben mögen - wenn Sie über Ihr Leben nachdenken, werden Sie zahlreiche positive Erlebnisse darin finden, die Ihnen Auftrieb geben. Stellen Sie auf das ab, was sie haben, und nicht auf das, was Sie nicht haben.
Armut ist gewiss nichts Wünschenswertes, doch habe ich - wie auch schon andere Beobachter - festgestellt, dass viele arme Familien glücklicher als manche reiche sind.
Viele Menschen, die körperlich behindert sind, leben ein froheres Leben als manche gesunde Menschen. Joni Erickson ist Paraplegiker und kann ihre Arme und Beine nicht mehr gebrauchen, aber sie malt herrliche Bilder, indem sie den Pinsel mit den Zähnen hält. Ich kenne wenig Menschen, die so glücklich von der Liebe des Herrn erfüllt sind wie sie.
Wie befreit man sich von der Spannung der Angst? Noch nie zuvor suchte man derart intensiv nach einem Heilmittel gegen diese Krankheit wie heute. Es gibt eine ganze Reihe von Therapien und Systemen, die in unserer Zeit propagiert werden und uns von der Lebensangst befreien sollen. Da gibt es die Logotherapie, die Wirklichkeitstherapie, die Milieutherapie und so weiter. Da ist auch die Transaktionsanalyse, die Motivationstherapie, und was es sonst nocht so gibt.
Aber kein System und keine Therapie hat Spannungen je erfolgreicher abgebaut als jener Gottesglaube, den uns Jesus Christus vorgelebt hat. Lesen Sie die heilbringenden Worte Jesu, des grössten positiven Denkers, den die Welt je kannte:
«Wer aber von euch kann durch sein Sorgen zu seiner Lebenslänge eine einzige Elle hinzusetzen?» (Matthäus 6,27).
«Bittet, so wird euch gegeben werden; suchet, so werdet ihr finden; klopfet an, so wird euch aufgetan werden!» (Matthäus 7,7).

Spannung Nr. 6: Reizbarkeit

Es gibt auf dieser Welt so viele Dinge, die uns stören, reizen und aufregen, dass es nicht verwundert, dass diese Art Spannung so sehr verbreitet ist. So viel läuft schief. So viele Sachen werden schlecht oder lieblos gemacht. Und es gibt so viel Unhöflichkeit.

Da ist etwa der langweilige Schleicher auf der Autobahn oder der Kilometerfresser oder der Veranstalter von Hupkonzerten. Da sind unerfahrene Vekäuferinnen, die ihre Ware nicht kennen. Und wie war das mit dem Spengler, der erst am Donnerstag, statt am Mittwoch, aufkreuzte? Oder der Ehemann, der auf dem Heimweg im Verkehr steckenbleibt und dadurch die wichtige Einladung zu Hause gefährdet. Und dann die Fehler auf Computer- und Bankabrechnungen! Ja, es gibt Tausende von kleinen Widerwärtigkeiten durch unser Leben hindurch.

Sich ärgern nützt überhaupt nichts. Weder wird dadurch etwas besser, noch verschwindet die Ursache. Wenn wir uns aufregen und ärgern, so verbauen wir uns nur einmal mehr den Weg zur heiteren und aufbauenden Lebensführung. Denken Sie an den Schauspieler in ich weiss nicht wieviel Filmen, der wegen eines bestimmten Ereignisses derart wütend wird, dass er sich den Hut vom Kopf reisst, darauf herumtrampelt – nur um ihn dann angewidert anzuschauen! Seine Reizbarkeit hat ihn etwas zerstören lassen, das er braucht. Und genau das machen auch wir, wenn wir uns über irgendeine Lappalie aufregen. Wir zerstören unsere schöpferischen Kräfte, indem wir sie durch die Spannung der Reizbarkeit blockieren.

Wie die meisten Menschen habe auch ich meinen Teil an ärgerlichen Momenten gehabt. Meistens kann ich aber mit Hilfe von drei Vorgehensweisen diese Spannung abbauen. Die erste Hilfe ist der Bibelvers «Erhitze dich nicht über die Bösewichte. Hoffe auf den Herrn und tue, was gut ist.» (37. Psalm).

Als zweites kommt der positive Gedanke: *Jede Aufregung ist eine Aufforderung zur Verbesserung.*

Was heisst das? Nichts anderes als das: Wenn wir uns aufregen, können wir unseren Ärger in die Gelegenheit umwandeln, innerlich zu wachsen, über den kleinen Unvollkommenheiten dieser Welt zu stehen und ein besserer und grösserer Mensch zu werden. Wenn wir vom unüberlegten Handeln eines anderen Menschen betroffen werden, können wir darüber hinauswachsen. Wir haben die Chance, wahre Geduld, Toleranz und grosses Verständnis an den Tag zu legen. Durch diese Art von Nächstenliebe wird die Welt besser.

Drittens erinnere ich mich bei solchen Gelegenheiten immer an die Geschichte jener griesgrämigen Frau, die in einem Bus in Chicago fuhr und dauernd reklamierte. Sie beklagte sich über die anderen Fahrgäste, das Schaukeln des Busses, das Geplauder zweier ihr gegenübersitzender Personen, überhaupt, sie gab nur abschätzige, laute Kommentare von sich. Als sie sich erhob und aussteigen wollte, sagte ein Herr zu ihr: «Einen Augenblick, Sie haben etwas hier gelassen!» - «Was denn?» - «Einen sehr schlechten Eindruck», antwortete der Herr.

Mit anderen Worten: Jeder Ärger gibt Gelegenheit, einen guten Eindruck zu hinterlassen.

Spannung Nr. 7: Unfähigkeit

Die Spannung der Unfähigkeit entsteht dann, wenn wir vom schrecklichen Gefühl beschlichen werden, mit den alltäglichen, meistens familiären Situationen nicht fertigzuwerden. Sie entsteht, wenn wir Aufgaben, die andere, gleich intelligente Menschen mit Erfolg anpacken und lösen, scheinbar nicht bewältigen können. Manchmal entsteht sie auch, wenn wir mit einer Aufgabe nicht fertig werden, die wir früher mit Leichtigkeit geschafft haben.

Die Spannung der Unfähigkeit rührt beileibe nicht von mangelnden Fähigkeiten her. Sie haben die Fähigkeit, aber sie ist blockiert. Sie sind irgendwie ein negativ denkender Mensch geworden. Sagen Sie immer wieder laut das Credo des positiv denkenden Menschen, damit Sie wieder auf einen Weg kommen, der zur Lösung Ihrer Probleme führt:

> Wenn ich auf meinem Weg plötzlich vor einem Berg stehe, gebe ich nicht auf.
> Ich kämpfe vielmehr, bis ich den Berg überwunden habe,
> ich finde einen Weg, einen unterirdischen Gang, oder ich
> verweile einfach und verwandle diesen Berg
> mit Gottes Hilfe in eine Goldmine.

Sagen Sie sich auch:

> Was sich der Geist vorstellen kann,
> kann der Mensch verwirklichen.

Jesus drückte dies am besten aus, als er sagte: «Dem Gläubigen sind alle Dinge möglich.» Wiederholen Sie dieses kraftvolle Wort, das von Gott zu Ihnen kommt.

Spannung Nr. 8: Entwürdigung

Nichts quält einen mehr, als wenn man mit Äusserungen der Entwürdigung überhäuft wird. Das Unmenschlichste, das einer einem anderen antun kann, ist, ihn absichtlich und willentlich zu beschimpfen. Jesus verurteilte mit den härtesten Worten diejenigen, die die anderen Menschen mit Beleidigungen, Beschimpfungen und Ungerechtigkeiten überhäufen.
Selbstachtung, Selbstwertgefühl und persönliche Würde – das sind Ihre angestammten Rechte. Wenn das Selbstwertgefühl bedroht ist, die Selbstachtung angegriffen und die persönliche Würde untergraben, kommt eine zwar verständliche, aber entsetzlich zerstörerische Missstimmung auf. Die damit verbundene Spannung kann den besten Menschen gewalttätig wer-

den lassen, was natürlich wieder die produktiven Kräfte behindert.

Dies sehen wir sehr deutlich bei den Minderheiten in einem Lande. In den Vereinigten Staaten sind es die Schwarzen, die Südamerikaner, die Mexiko-Amerikaner, die Juden und in einigen Teilen des Landes die Katholiken. In anderen Ländern sind es die Protestanten, Katholiken, Mohammedaner und andere religiöse Gruppen, die entwürdigende Beschimpfungen erdulden müssen.

Entwürdigung gibt es aber auch noch in anderen Bereichen und Situationen. Da gibt es Männer, die ihre Frauen misshandeln und auf beleidigende Art reden und handeln. Vorgesetzte missachten vielfach die Würde ihrer Angestellten und Arbeiter, und Menschen, welche die Spitze der sozialen Hierarchie erklommen haben, schauen auf diejenigen hinunter, die sie geringer achten.

Wie bekämpfen Sie nun die Spannung, die sich Ihrer bemächtigt, wenn Sie eine entwürdigende Behandlung erleiden?

Die Antwort finden wir in den weisen Worten: «Wer dich auf den rechten Backen schlägt, dem biete auch den andern dar.»

Die Bedeutung dieser Worte entgeht uns manchmal. Gerade im Zusammenhang mit dem Problem der Entwürdigung wird ihre Aussage jedoch unmissverständlich klar. Sie sind der Beweis für die grossartige Einsicht, wie der Bedrohung durch eine Beleidigung entgegenzutreten ist.

Was uns die Worte lehren, ist dies: Ein Mensch, der sich nichts hat zu Schulden kommen lassen und entwürdigend behandelt wird, darf sich diese Behandlung nicht ‹unter die Haut› gehen lassen.

Wenn Sie «den anderen Backen» nicht «darbieten» und die Beleidigung hinnehmen, entsteht daraus ein Problem, dessen Wirkung und Heftigkeit lange anhalten. Ohnmächtiger Zorn erfasst Sie, und die Feindseligkeit, die Ihre negative Überreaktion auf die Beleidigung hervorruft, ist viel schädlicher und nachteiliger für Sie als die Beleidigung selbst.

Aber wie verhindern Sie, dass in Ihnen eine solche Überreaktion entsteht? Denken Sie zuallernächst einmal daran, dass beinahe jeder - egal, welcher Rasse, Religion oder sozialen Schicht er angehört - das eine oder andere Mal unterdrückt wird. Sie sind damit nicht allein. Dies ist der Preis, den das Leben in einer überfüllten Gesellschaft kostet.

Als nächstes begegnen Sie dem Menschen, der Sie beleidigt hat, mit der Kraft des positiven Denkens. Er hat nämlich ein Problem. Warum? Ist er dumm, voller Vorurteile, oder ist er rücksichtslos und lieblos? Welches sind die negativen Gefühle, die ihn beherrschen? Vielleicht hat er wegen körperlicher Schmerzen, geistiger Krankheit oder Familienproblemen so gehandelt. So oder so hat er das grössere Problem als Sie - aber nur, wenn Sie sich und Ihre Gefühle nicht von der entwürdigenden Behandlung übermannen lassen. Mitleid ist hier berechtigter als Tadel. Jener Mensch braucht Ihr Gebet.

Denken Sie immer daran:

> Was uns geschieht, ist nicht so wichtig wie unsere Reaktion auf das, was uns geschieht.

Spannung Nr. 9: Starrheit

Diese Spannung trifft man bei Menschen an, die in ihren Haltungen und Meinungen stur sind und Ideen und Einstellungen anderer Menschen nicht akzeptieren. In einem gewissen Sinne ist diese Art von Spannung von einigen religiösen Führern gefördert und unterstützt worden. Solche Kirchenführer stellen kraft ihres Amtes und ihrer Funktion als Gottesdiener manchmal ihre eigenen Regeln auf und verkünden sie als von Gott erlassene Richtlinien. Dann übertragen sie diese Regeln auf ihre Nachfolger und sagen diesen gleichzeitig, dass sie nur dann wahre Gläubige seien, wenn sie diese vom Menschen geschaffenen Regeln beachten; gleichzeitig erlassen sie Androhungen geistlicher Strafen, falls diese Regeln verletzt werden.

Ich spreche damit nicht von den grundlegenden religiösen und ethischen Prinzipien wie zum Beispiel den Zehn Geboten. Solche Grundsätze sind unumstösslich. Eltern, die in ihrem Denken stur sind und ihre Kinder so behandeln, wie wenn es eine Sünde wäre, nicht die gleiche Meinung wie sie zu haben, schaffen das, was man allgemein als Generationenkonflikt bezeichnet. Die Spannung der Starrheit, welche die Eltern beherrscht, verhindert eine volle Entfaltung der Liebe und Hingabe innerhalb des Familienlebens.

Ich bin recht stolz darauf, dass es zwischen meiner Frau, mir und unseren Kindern keinen solchen Generationenkonflikt gibt. Meine Frau und ich haben unseren Kindern unsere religiösen Überzeugungen und moralischen Prinzipien immer kundgetan und sie mit ihnen diskutiert. Sowohl zu Hause wie im öffentlichen Leben halten wir uns alle an diese Grundsätze. Meine Frau und ich sind felsenfest davon überzeugt, dass – wenn wir uns an einen besonderen moralischen Grundsatz halten – unsere Kinder dies auch akzeptieren. Mit dieser Überlegung haben wir Erfolg gehabt.

Gleichzeitig akzeptieren wir die Eigenständigkeit jedes unserer Kinder, denn sie sind wie wir individuelle Persönlichkeiten.

Die Freiheit, verschieden und individuell zu sein, ist eine der grössten Gaben Gottes. Es gilt, die Individualität jedes Menschen zu respektieren und der Tatsache Rechnung zu tragen, dass kein Mensch dem anderen gleicht. Wer dies nicht tut, setzt sich der Spannung der Starrheit aus, die Geist und Seele bedrängt.

Kommen wir dem anderen Menschen und seinem Standpunkt entgegen. Wir müssen seine Meinung nicht akzeptieren, aber versuchen, sie zu verstehen. Wir müssen den Menschen, die anders denken, gegenüber tolerant sein. So befreien wir uns von jeglicher Starrheit und Sturheit und können unter Umständen erst noch etwas Neues lernen. Öffnen wir den Gedanken der anderen Menschen Kopf und Herz!

Eine Längswand unserer Kirche besteht ganz aus Glasschiebetüren. Das ist für das Auge sehr schön. Kurz nachdem die Kirche fertig gebaut war, stürmte es draussen heftig. Als der Wind ständig gegen die riesigen Glasfenster drückte, begann sich die ganze Wand wie ein Segel in den Innenraum hineinzubiegen. Ich hörte schon, wie das Glas bersten würde! Ich rannte ans Telefon und rief unseren Architekten, Richard Neutra, an. Aufgeregt berichtete ich ihm: «Die Wände der Kirche biegen sich durch. Jeden Augenblick brechen sie. Sie hätten stärkere Rahmen verwenden sollen!»
Zu meiner Überraschung lachte er, als er mich beruhigte und mich wieder zuversichtlich stimmte: «Machen Sie sich keine Sorgen. Wir haben die Rahmen so berechnet, dass sie sich unter extremem Winddruck biegen. Wenn sie sich biegen, brechen sie nicht. Hätten wir sie so stark gemacht, wie Sie dies eben sagten, könnten sie sich nicht biegen, und die Glasscheiben würden zerspringen oder herausbrechen.» In den nächsten 15 Jahren konnte ich beobachten, wie viele Schaufenster in den Läden bei stürmischem Wetter zerstört wurden, wogegen unsere flexibel umrahmten Glasschiebetüren die Stürme überlebten, ohne zu brechen.
Biegen Sie sich also auch ein bisschen, damit Sie nicht zerstört werden. Machen Sie es nicht wie jener Mensch, von dem der Vers sagt: Er gab nie nach, worauf er zerbrach.
Nachgeben, um nicht zu zerbrechen, dies ist ein wichtiger Grundsatz für ein ungespanntes Leben.
Um die Spannung der Starrheit noch mehr abzubauen, sagen Sie sich die Bibelworte: «Richtet nicht, damit ihr nicht gerichtet werdet!» (Matthäus 7, 1).

Spannung Nr. 10: Mangel

Zeitmangel. Eine der Hauptursachen nervenaufreibender Spannung ist die fehlende Zeit. Allzu viele Menschen versuchen mit diesem Problem auf zwei Arten fertigzuwerden - wobei jede die Situation nur noch schlimmer macht. Die eine Möglichkeit besteht darin, Überzeit zu machen, Tag und Nacht und auch an Wochenenden zu arbeiten, um den Zeitplan einzuhalten. Die zweite Möglichkeit ist die, die Fristen und Termine hinauszuschieben und dann bei allem, was man macht, zu spät zu kommen.

Beide Methoden enden in einem Teufelskreis der Erschöpfung und des Überdrusses: Man kämpft unter dem Druck der Termine und schadet sich körperlich und seelisch und schafft sich damit noch mehr Schwierigkeiten.

Um den Zeitmangel zu beheben, empfiehlt sich meiner Erfahrung nach ein einfaches Vorgehen:

Planen Sie im voraus. Wenn Sie nicht planen, werden Sie geplant.

Ich werde oft gefragt, wie ich Zeit finde, Bücher zu schreiben, überall Vorträge zu halten, einen Fernsehgottesdienst zu leiten, immer wieder eine Kirche zu bauen (dieses Mal eine Kristallkathedrale) und dann auch noch persönlich die Millionen von Dollar zusammenzusuchen, die für dieses Werk erforderlich sind. Die Antwort ist einfach.

1. Ich überprüfe ständig meine Ziele, lege die Prioritäten neu fest und bringe meine Verpflichtungen auf den neuesten Stand. So kommen die wichtigsten Dinge an den Anfang, und das bedeutet, dass ich heute gewisse Aufgaben und Funktionen im Leben bewusst weglasse, weil «ich dafür keine Zeit mehr habe, da heute grössere Aufgaben meine Zeit beanspruchen».

2. Dann bestimme ich, was zu tun ist, damit die festgelegten Ziele erreicht werden. Ich disponiere entsprechend in meiner Agenda.

3. Dann trage ich in die Agenda, die fortan mein Leben ‹organisiert›, die entsprechenden Aufgaben ein.

Das ist alles und ist im Grunde genommen sehr, sehr einfach.

Geldmangel. Wie gehen wir bei Geldmangel vor? Die meisten Leute haben Geldprobleme, und fast immer ist es eine Frage, wie man mit dem Geld umgeht. Vor kurzem frühstückte ich mit einem wohlhabenden Bekannten, der mit einer der reichsten Familien Amerikas eng befreundet ist. «Ihr Einkommen beträgt 800000 Dollar im Jahr», sagte er mir, «aber sie haben nie genügend Geld.»

«Wie kommt das denn?» wollte ich wissen.

«Sie müssen sich ihren Lebensstil vorstellen», erklärte er mir, «vier Villen, alles riesige Liegenschaften; dann die Steuern, der Unterhalt, die Versicherungen und die Angestellten – da geht das ganze Geld drauf!»

Im Gegensatz dazu kenne ich einen jungen Junggesellen, der mit einem Jahreseinkommen von 3000 Dollar sehr komfortabel in Los Angeles lebt. Dreissig Dollar die Woche budgetiert er für Lebensmittel und andere unerlässliche Einkäufe. Er lebt in einer kleinen, aber sehr bequemen Wohnung. Er ist Schriftsteller und lebt sehr glücklich auf diese Weise.

Auch meine Mutter lebte bis zu ihrem Tode vor wenigen Jahren von einem jährlichen Einkommen, das unter 3000 Dollar lag.

Pflegen Sie die vergessengegangene Kunst des Einteilens. Lassen Sie alles Überflüssige weg.

Wenn Sie nach diesem Plan vorgehen, dank dem Sie die Leiter aufsteigen werden und zu Glück und Gedeihen kommen, ist es wichtig, dass Sie immer an die Tatsache denken, dass Gott Ihr Gedeihen wünscht. Lesen und wiederholen Sie die Bibelworte: «Wer kärglich sät, wird auch kärglich ernten; und wer in Segensfülle sät, wird auch in Segensfülle ernten.» (2. Korintherbrief 9,6).

Fügen Sie diese Worte von Jesus Christus hinzu:

«Ich bin gekommen, damit sie Leben und reiche Fülle haben.» (Johannes 10,10). Sehr wichtig: «Gebt, und es wird euch gegeben werden.» Diese Verse enthalten das Geheimnis der finanziellen Sicherheit.

Geben Sie grosszügig, um Gottes Vorstellung zu verwirklichen, und Gott wird Ihnen mehr zurückgeben, als Sie je erwarteten. Geben Sie einen Teil Ihrer Zeit oder Ihrer weltlichen Güter, egal, wie klein sie auch sind. Sie werden verblüfft sein, was geschieht. Und es wird geschehen.

Verwirklichen Sie einen Gedanken, und der Gedanke wird Sie verwirklichen.

Das Geheimnis des Erfolgs ist einfach: Suchen Sie ein Bedürfnis, und befriedigen Sie es. Suchen Sie eine Wunde, und heilen Sie sie. Suchen Sie ein Problem, und lösen Sie es. Suchen Sie ein Hindernis, und räumen Sie es aus dem Weg. Diejenigen, denen Sie helfen, werden Ihnen so dankbar sein, dass sie es Ihnen mit einer Liebe danken werden, die Sie erstaunt.
Sie werden fähig sein, Ihre Zukunft mit grosser innerer Sicherheit ins Auge zu fassen. Was Sie machen müssen, ist Angst und Kummer aus Ihrem Innern zu vertreiben und das Morgen ruhig und hoffnungsvoll zu erwarten.

7. Sechs Schritte zur Befreiung von Angst und Kummer

Angst und Kummer sind die grössten Spannungserzeuger aller Zeiten. Damit wir die Spannung abschalten und die Kraft anschalten können, müssen wir unbedingt Angst und Kummer loswerden.

Es ist möglich, sich von Angst und Kummer zu befreien.
Es ist möglich, zur inneren Ruhe zu gelangen.

Es ist möglich, wenn Sie diese sechs positiven Schritte machen und so Ihren Kummer begraben und Ihre Angst vertreiben.

1. Treten Sie dem Kummer entgegen. Gehen Sie ihm nicht aus dem Weg. Mit Gottes allmächtiger Hilfe sind Sie bestens befähigt, mit Ihrem Kummer fertigzuwerden. Bevor Sie ihn aber begraben können, müssen Sie ihm entgegentreten.
In der Bibel steht nirgends, wir sollen dem Kummer feige aus dem Weg gehen. Gott lehrt uns nicht, vor den Lebensängsten davonzulaufen. Wenn Sie es trotzdem tun, holen sie Sie ein und beherrschen sie. Ein Grossteil der heutigen frenetischen und unbeständigen Vergnügungssucht ist nur der verzweifelte Versuch vieler Menschen, einer kummerbereitenden Situation aus dem Wege zu gehen.
Sie werden staunen, wie Kummer verschwindet, sobald man offen über ihn redet! Sprechen Sie mit Freunden oder mit Menschen darüber, die Ihnen in der betreffenden Angelegenheit behilflich sein können.
Emerson schrieb: «Tun Sie das, wovor Sie sich fürchten, und die Furcht ist vorbei.»
Wiederholen Sie die Worte aus Jesaja 43,5: «Fürchte dich nicht, denn ich bin mit dir!»
In seinem Buch ‹So hast Du mehr vom Leben› (Oesch Verlag,

Thalwil) schreibt Dr. Norman Vincent Peale: «Stellen Sie sich vor, wie Sie tapfer gegen Ihre Ängste kämpfen und sie überwinden ... die Kühnheit wird Ihnen zeigen, dass Sie stärker sind, als Sie gedacht haben. Die Angst wird sich in dem Masse verringern und der Mut in dem Masse wachsen, als Sie die kühnen Gedanken verwirklichen. Fassen Sie zuerst den kühnen Gedanken, und dann tun Sie die kühne Tat. Dies erweckt die helfenden geistigen Kräfte, dank denen Sie die Angst überwinden können.»

Im gleichen Buch erzählt Peale, wie sein Freund Arthur Gordon schrieb: «Ich stand vor einer Entscheidung, die beträchtliche Gefahr in sich barg. Ich trug mein Problem einem Freund vor, der viel älter und weiser als ich war. ‹Ich würde es tun›, sagte ich unglücklich, ‹wenn ich bloss wüsste, ob ich es hinkrieg, aber ...› Er blickte mich einen Augenblick lang an, dann kritzelte er neun Worte auf ein Blatt Papier und schob es mir über den Tisch zu. Ich nahm es in die Hand und las in einem einzigen Satz den besten Ratschlag, den ich je bekommen habe: *Sei kühn, und gewaltige Kräfte kommen dir zu Hilfe.*»

Ihre Kümmernisse fliehen Sie wie geisterhafte Schatten bei angedrehtem Licht, sobald Sie ihnen entgegentreten. Gewaltiger Mut wächst in Ihnen, sobald Sie sich bewusst werden, dass Sie mit Gott allem und jedem entgegentreten können.

2. Gehen Sie der Angst und dem Kummer nach. Der zweite Schritt auf dem Wege zur Befreiung vor Angst und Kummer besteht darin, dass man die Ursachen der Furcht analysiert. Spüren Sie den Missetäter auf! Suchen Sie die Ursache Ihrer Befürchtungen. Dabei werden Sie feststellen, dass die Hilfe eines erfahrenen Psychologen sehr nützlich sein kann.

Eine bedrückte Frau kam mit ihren Sorgen und Kümmernissen ins Beratungszentrum des «Turms der Hoffnung». Unser Psychologe fand sehr schnell den Ursprung ihrer Probleme. Sie litt an einem Minderwertigkeitskomplex und hatte deswegen dauernd Angst, ihr Mann sei ihr nicht treu. Als man ihr dic Ursachen ihrer Angst aufdeckte, konnte sie auch wieder ein gesundes Selbstvertrauen erlangen. Allmählich erkannte sie sich als wertvollen Menschen und vermochte ihre Befürchtungen zu vertreiben.

Die folgende Situation kennt jeder Pfarrer, jeder psychologische Berater und Psychiater: Der Mensch, der um Rat und Hilfe bittet, sagt, dass er Angst habe. Ein Gefühl, das man als Lebensangst bezeichnen könnte. Er sagt, dass er sich vor der Zukunft fürchte, obschon er keine konkreten Anhaltspunkte nennen könnte. In dieser Situation wird der Psychiater, Psychologe oder Pfarrer versuchen herauszubringen, was die Ursache dieser Angst ist. Am häufigsten stellt sich dann heraus, dass der Übeltäter jener Dämon ist, den wir als «Schuldgefühl» kennen.

Dieses Schuldgefühl kann abgebaut werden. Wenn der Berater um die Kraft und Gnade Gottes weiss, wird der Patient, sofern er diese Gaben annimmt, seine Schuldgefühle verlieren. Wenn ein Mensch in Christus lebt, ist er ein neuer Mensch, und die alten Geschehnisse sind vorbei und vorüber.

3. Verweisen Sie die Angst und den Kummer an ihren Platz. Setzen Sie nun Ihre Ängste an die ihnen zukommende Stelle im Leben. Viele Ängste, die Sie beherrschen, sollten auf jene Dimension und jene Bedeutung verringert werden, die sie in Wirklichkeit haben. Der Mensch hat eine unglaubliche Fähigkeit zu übertreiben. Ein Mann fragte mich einst: «Sie sagen, ich könne Berge versetzen. Wie kann ich nun meinen Berg versetzen?» Nachdem ich sein Problem untersucht hatte, sagte ich ihm: «Sie stehen nicht vor einem Berg, Sie stehen vor einem Maulwurfhügel.»

Um das Problem, das Sie beschäftigt, auf sein eigentliches Mass zurückzubringen, fragen Sie sich am besten, wie wichtig es wohl heute in einem Jahr sein wird und wie sehr es Ihr Leben in zehn Jahren verändern wird. Ist es ein Geldproblem, ein zwischenmenschliches Problem, ein Problem im Geschäft, oder geht es dabei tatsächlich um Leben und Tod? Hängt Ihr Leben davon ab?

Wenn es wirklich um eine ernsthafte Sache geht, so nehmen Sie sie in Ihre inbrünstigsten Gebete auf und widmen Sie ihr Ihre volle Aufmerksamkeit.

In sehr vielen Fällen lassen die Ängste nach, und neues Vertrauen tritt an ihre Stelle, sobald man die Situation so beurteilt, wie sie eigentlich ist. In unserem vielfältigen und verwirrenden Leben lassen wir uns immer wieder in eine übermässige Angst vor allzu vielen unbedeutenden und unwichtigen Dingen treiben.

Wir befassen uns vielfach mit Sachen, die sich unter Umständen ereignen könnten, aber dermassen an den Haaren herbeigezogen sind, dass es völlig lächerlich ist, sie überhaupt in Betracht zu ziehen. Dies wird in Lewis Carrolls «Alice hinter dem Spiegel» sehr hübsch umschrieben: Alice trifft den Weissen Ritter auf seinem weissen Pferd an. Dieser trägt einen Bienenkorb auf sich, und sie fragt ihn: «Wozu trägst du einen Bienenkorb auf dir?» – «Ich könnte auf meiner Reise in einen Bienenschwarm geraten», antwortete er, «und könnte die Bienen damit einfangen.» Er hatte auch eine ganze Sammlung von Mäusefallen bei sich, und Alice fragt ihn: «Was machst du mit all diesen Mäusefallen?» – «Ich könnte ja unter die Mäuse geraten», antwortete er, «und könnte damit die Mäuse fangen.» – «Aber was sollen alle diese Messer rund um die Hufe deines Pferdes?» wollte sie wissen. «Ich könnte auf meiner Reise ja einmal durchs Wasser reiten müssen und unter Haie geraten, und dann würden die Messer an den Hufen meines Pferdes die Haie fernhalten», antwortete er.

Eines der Geheimnisse des glücklichen Lebens heisst: mit wenig Gepäck reisen. Legen Sie alle unnötigen Ärgernisse ab. Sie sind nur überflüssiges Gepäck. Konzentrieren Sie sich auf die wirklich wichtigen Dinge, und lassen Sie die unbedeutenden, zusammenhangslosen und beiläufigen beiseite.

Nachdem Sie dies getan haben, lassen Sie gewisse Probleme Probleme sein. Als wir mit unserer Tätigkeit begannen, fanden unsere Gottesdienste in einem Drive-in-Theater statt, das Wind und Wetter ausgesetzt war. Anfänglich machte ich mir jede Nacht vom Samstag auf den Sonntag Sorgen, ob es am nächsten Tag regnen würde oder nicht. Schliesslich wurde mir aber bewusst, dass ich das Wetter ja sowieso nicht bestimmen konnte, und ich sagte mir: «Das, mein lieber Schuller, ist nicht dein Problem, für das Wetter bist du nicht verantwortlich.»
Es ist erstaunlich, wie viele unserer Sorgen und Kümmernisse im Grunde genommen Gottes Angelegenheit sind.
Als Oliver Cromwell England beherrschte, sandte er einst seinen Sekretär auf eine wichtige Mission; er musste einem der bedeutendsten Herrscher auf dem Kontinent eine lebenswichtige Botschaft überbringen. Cromwell gab seinem Sekretär genaue Anweisung, wo, wie und wann er die Botschaft zu überbringen habe; er wies ihn sogar an, in welchem Tonfall er sie vorzutragen habe.
Zusammen mit einem treuen Begleiter setzte Cromwells Sekretär in einem Schiff über den Kanal. Die ganze Nacht wälzte er sich schlaflos in seinem Bett. Sein Begleiter bemerkte das und fragte ihn, was er habe. Der Sekretär gab seiner Befürchtung Ausdruck, er werde nicht in der Lage sein, seine Mission zu einem erfolgreichen Ende zu bringen.
Sein Begleiter fragte ihn: «Glauben Sie, dass vor Ihnen und Oliver Cromwell Gott die Welt gelenkt hat?» – «Und glauben Sie, Sir, dass Gott die Welt immer noch lenken wird, nachdem Sie und Cromwell gestorben sind?» – »Selbstverständlich!» – «Und glauben Sie, dass Gott auch heute die Welt lenkt?» Der Sekretär bejahte dies und fand dabei seine innere Ruhe wieder.
Ja, Gott ist bei uns. Wenn Sie sich fürchten, so lassen Sie sich von ihm leiten.

4. Halten Sie die Probleme auseinander. Jetzt geht es darum, dass Sie lernen, Ihre Probleme auseinanderzuhalten. Stapeln Sie sie nicht alle aufs Mal in Ihren Kopf. Ich erinnere mich an ein Gespräch, das ich mit einem Menschen hatte, der buchstäblich nur noch aus Angst bestand. Seine Kümmernisse gehörten der Vergangenheit, der Gegenwart und gleichzeitig auch der Zukunft an. Es waren zu viele, als dass ein Mensch alle auf einmal tragen konnte. «Halten Sie sie auseinander», riet ich ihm, «schieben Sie einen Zwischenraum ein. Was gestern war, ist vorbei. Vergessen Sie es. Das Morgen liegt in der Zukunft. Schauen wir uns jetzt einmal nur die nächsten fünf Minuten an. Können Sie an die nächsten fünf Minuten denken, ohne Angst zu haben? Können Sie furchtlos an die nächsten zehn Minuten, die nächste Stunde und den ganzen Tag denken?»

Ein Mann, der die Autobiographie von Colette, der französischen Autorin, gelesen hatte, begegnete ihr einmal und fragte sie bei dieser Gelegenheit: «Mir ist aufgefallen, dass Sie als Teenager und in Ihren frühen Zwanzigerjahren offenbar in Ihrem Leben sehr glücklich gewesen sind.»

«Ja», pflichtete sie bei, «es ist nur schade, dass ich mir damals dessen nicht bewusst war.»

Das gilt für fast alle von uns, wenn wir an unsere vergangenen Jahre zurückdenken. Wir waren damals so glücklich. Warum haben wir jene Jahre nicht mehr genossen? Meist deshalb, weil wir uns damals dauernd mit den Sorgen, Nöten und Ängsten von morgen befasst haben. Dabei findet alles, was wir haben, heute statt. Geniessen wir es doch. Der heutige Tag ist von Gott erfüllt. Der heutige Tag ist reich an Schönem. Geniessen Sie die Gegenwart. Lassen Sie es nicht zu, dass die Sorgen von morgen die Freude von heute zunichte machen.

Das folgende Gebet drückt diese Gedanken meiner Ansicht nach sehr schön aus:

> Gott, für das Morgen und seine Belange bete ich nicht.
> Halte mich heute vom Makel der Sünde frei.

Hilf mir, dass ich mich ernsthaft anstrenge und gewissenhaft bete.
Vater, lass meine Worte und Taten heute gut sein.
Lass mich kein unnütz Wort unbedacht sagen.
Versiegle meine Lippen während des ganzen Tages.
Lass mich zur rechten Zeit ernst und zur rechten Zeit fröhlich sein.
Lass mich dir heute treu sein, mein Gott.
Und wenn mein Leben heute verfliessen sollte,
so bitt' ich dich um deinen Segen.
Denn für das Morgen und seine Belange bete ich nicht.
Leite, führe und liebe mich jeden Tag aufs neue.

Sagen Sie dieses Gebet, und Sie werden feststellen, dass viele Ihrer Sorgen und Ängste Sie fliehen. Dies geschieht so, wenn Sie daran glauben, dass Sie und Gott die Dinge unter Kontrolle haben und dass Sie den heutigen Tag als solchen leben. Gib uns heute – *heute* – unser täglich Brot.

Halten Sie Ihre Sorgen und Ängste immer auseinander. Fragen Sie sich, was die wichtige Angelegenheit ist, mit der Sie sich heute befassen müssen. Lassen Sie alle anderen Dinge beiseite. Und nehmen Sie sich mit vollem Einsatz dieser Angelegenheit an. «Darum sorget euch nicht um den morgenden Tag; denn der morgende Tag wird seine eigne Sorge haben. Jeder Tag hat genug an seiner eignen Plage.» (Matthäus 6, 34).

Ein weiser Pfarrer, der mit einem bekümmerten Kirchgemeinde-Mitglied sprach, zeigte im Verlaufe des Gesprächs auf den Verkehrsstrom, der über eine nahegelegene Brücke floss, und sagte: «Sind Sie sich bewusst, wie viel Gewicht jene Brücke in einem Monat oder in einem Jahr trägt? Sie schafft das nur, weil sie bloss einige Wagen aufs Mal aufnimmt. Wenn das Gewicht, das sie zu tragen hat, nicht sorgfältig bemessen wäre, würde sie einstürzen.»

Sie gewinnen viel innere Ruhe, wenn Sie Ihre Sorgen nicht alle auf einmal ins Auge fassen, sondern sie auseinanderhalten.

Vertraue auf Gott, und lebe nur einen Tag auf einmal.

5. Befrieden Sie Ihre Sorgen. Sehen Sie zu, dass Sie ihre bösen Ängste zu guten Freunden machen können.
G. Wallace Hamilton erzählt von einem jungen Araber in Nordafrika, der auf einer Flöte spielte. Bei genauerem Hinsehen bemerkte er, dass das Musikinstrument aus einem alten Gewehr aus dem 2. Weltkrieg gemacht war. Irgend jemand hatte Löcher in den Lauf gebohrt und das Instrument des Todes in ein Instrument der Freude verwandelt.
Versuchen Sie Ihre Sorgen zu befrieden. Betrachten Sie sie als etwas, das im Versteckten eine Wohltat ist. Vielleicht können Sie Ihre Ängste, Sorgen und Befürchtungen dazu verwenden, ein besserer Mensch zu werden.
Wenn Ihre Sorgen Sie dazu bringen, in der festen Absicht, besser zu werden, ungelöste Probleme in Ihrem Leben energisch anzupacken, dann krönen Sie Ihre Sorgen mit Glanz und Ruhm.
Eine Sorge kann eine Gnade Gottes sein, wenn sie Sie dazu bringt, eine selbstzerstörerische Gewohnheit aufzugeben. Sie kann ein Geschenk Gottes sein, wenn sie Sie zwingt, eine Beziehung, die gefährlich werden könnte, abzubrechen. Sie kann ein Geschenk Gottes sein, wenn sie Sie bewegt, sich über fehlende, dringend benötigte Mittel Gedanken zu machen, und wenn sie Sie dazu anspornt, mit Schwung und Begeisterung zu arbeiten.
Ihre Sorgen und Ängste sollen Sie zum Gebet, zur Kirche und zu Gott zurückführen. Machen Sie aus den negativen, zerstörenden Gewehrrohren in Ihrem Leben positive, Freude und Erfüllung spendende Instrumente.

6. Löschen Sie Ihre Ängste aus. Jetzt ist es Zeit, jene Ängste, die nicht in positive, anspornende Kräfte verwandelt werden können, auszulöschen.
Lassen Sie sich in Ihrem Geiste von Gott führen, um Furcht und Angst auszulöschen – so wie man auf einer Wandtafel die mit Kreide geschriebenen Worte eliminiert.

Unbestimmte Furcht, namenlose Spannung, undefinierbares Gefühl, das jeder Beschreibung spottet! Was ist das überhaupt? Wie kommt es überhaupt dazu? Soziologen, Anthropologen und Psychologen haben sich damit befasst und Erklärungen vorgebracht. Aber keine ‹Erklärung› ist eindeutig und ausreichend, wenn sie des Menschen geistige Natur ignoriert. Kein Mensch, der Gott beiseite lässt, kann Ihnen richtig helfen, die tief in Ihrem Herzen verwurzelten Ängste zu vertreiben. Seinem ganzen Wesen nach ist der Mensch geistig und religiös.

Die undefinierbare, nagende, hartnäckige Furcht, die Sie verzehrt, ist nichts anderes als Ihre Seele, die heim möchte. Und Gott ist die Heimat der Seele.

Während ich diese Worte schreibe, sitze ich in meinem Büro, von wo aus ich über den Pazifischen Ozean blicken kann. Dort sehe ich einen Schwarm kalifornischer Grauwale, die nach Norden schwimmen. Vor zwei Monaten habe ich sie nach Süden schwimmen sehen. Jetzt bewegen sie sich wieder heimwärts nach den Wassern Alaskas, ihrer wahren Heimat.

Vielleicht bilde ich es mir nur ein, aber sie scheinen mir jetzt, wo sie nach Hause schwimmen, glücklicher und spielerischer zu sein. Diese gewaltigen Wale, die mit ihrem grossen, flachen Schwanz den Pazifik peitschen, scheinen sich zu freuen, in die eiskalte Arktis zurückzukehren. Mit kraftvollen Schlägen schwimmen sie vorwärts; ihr schwerfälliger Rumpf bewegt sich auf und nieder durch das Wasser, vom instinktiven, unbezähmbaren Drang getrieben, in die Heimat zurückzukehren.

So ergeht es auch uns. In uns ist der Drang, zu Gott zurückzukehren.

Früher haben Sie auf der Lebensstrasse vielleicht hin und wieder abgebogen und sind in eine andere Richtung gegangen, weg von der väterlichen Heimat und immer weiter von Gott weg. Vielleicht haben Sie dabei Neues und Aufregendes erlebt. Ein neues Bild, neue Klänge boten sich Ihnen dar, auch neue Empfindungen. Sie versuchten unbekannte Getränke, hatten neue Vergnügen, sangen neue Lieder und tanzten neue Tänze. Es war herrlich, aufregend - ein fabelhaftes neues Leben.

Alle diese neugefundenen Vergnügen löschten in Ihrem Gedächtnis die langweilige Erinnerung an Ihre alte Heimat, jene hinterwäldlerische Welt, die bei weitem nicht alles war.

Nun hat sich das Neue mittlerweile abgenützt. Es bleibt nur noch ein bitterer Nachgeschmack. Nach der anfänglichen Süsse kommt das Bittere, das der künstlichen Süsse so oft folgt. Das fabelhafte Leben in der grossen weiten Welt bietet Ihnen nicht mehr den Reiz von damals. Sie sind wie ein Wanderer auf der Strasse, der aus seinem Sack lebt. Sie möchten nach Hause. Sie sehnen sich nach den vertrauten Gesichtern, nach den Menschen, die Ihnen offen ins Auge schauen.

Jetzt wissen Sie, dass Sie Heimweh haben. Es ist jene eigenartige, sehnsuchtsvolle und quälende Stimmung. Plötzlich erkennen Sie es. Es ist Ihre Seele, die sich nach Gott sehnt. Gott ruft Sie wieder nach Hause.

Das Gefühl wird immer stärker. Es ist wie das Gefühl eines wilden Hengstes, der sich im Pferch bäumt, seine Ohren aufgestellt, um den von weit her kommenden, leisen Ruf von den Hügeln zu hören, den der Wind zu ihm trägt, seine Nüstern weit geöffnet, um den Geruch zu erhaschen, den ihm ein leiser Windstoss zuträgt. Irgend etwas tief im Innern sagt ihm, dass er nicht in dieses abgesperrte Gehege gehört. Er kreist ruhelos im Pferch, kehrt an der Längsseite zurück, wo er elegant wendet, spannt seinen Hals, stampft mit den Hufen und bricht urplötzlich in einen rasenden Galopp aus und setzt mit einem herrlichen Ausdruck geballter Kraft über den Zaun, sich förmlich in die Luft katapultierend. Mähne und Schwanz wehen im Wind, während er über die Ebene den Hügeln und seiner Heimat entgegenrast. Er ist frei.

Ja, das ist das Gefühl, das Sie haben, wenn Sie spüren, wie Gott Sie ruft, Sie in Ihre Heimat zurückholt und Ihnen Kraft verleiht, über die einengenden Zäune der täglichen Ängste und Sorgen zu springen.

8. Meditation als Weg zu innerer Ruhe und Kraft

Jetzt sind Sie bereit, die ruhebringende Meditation kennenzulernen und zu erfahren. Um mit all den Spannungen, die wir vorhin besprochen haben - einschliesslich Schmerz, Trauer, Sorge und Angst -, fertigzuwerden, können Sie die erprobte Technik der Meditation anwenden, die Ihnen tiefe innere Ruhe bringt. Seit Jahrhunderten und Jahrtausenden wird die Meditation von Angehörigen fast jeder Religion in der einen oder anderen Form angewandt.

In den vergangenen Jahren ist in Experimenten und Messungen wissenschaftlich nachgewiesen worden, dass der Mensch mit seinem Bewusstsein Körperfunktionen kontrollieren kann, von denen man zuvor dachte, sie seien nicht beeinflussbar. Natürliche Abläufe wie der Atemrhythmus, die Herzschläge, der Stoffwechsel, ja sogar die elektrischen Gehirnströme können durch die Meditation beeinflusst und verlangsamt werden. Es mutet mich fast lächerlich an, dass das, was die Bibel im Alten Testament seit 4000 bis 5000 Jahren und seit 2000 Jahren im Neuen Testament verkündet, jetzt akzeptiert wird, nur weil es wissenschaftlich und medizinisch bewiesen ist. Es brauchte elektronische Messungen, Elektroden am menschlichen Körper, die Aufzeichnungen von Enzephalogrammen und Elektrokardiogrammen, um den modernen Menschen von der Wirkung der Bibel und von Gottes Wort zu überzeugen.

Dr. Herbert Benson ist einer der Ärzte, welche die tatsächlich bestehende Kraft der Meditation bestätigen. In seinem Buch ‹The Relaxation Response› bestätigt er zweifelsfrei das Bestehen und die Wirksamkeit der Grundsätze der Meditation. Dr. Barbara Brown von der University of California zählte zu den ersten, die diese Entdeckung machten. Vor ihrer Arbeit nahm man an, dass der Mensch drei Bewusstseinsebenen hat: 1. den wachen Zustand, 2. den Zustand im Schlaf, 3. den Zustand in der Hypnose. Dr. Browns Forschungen ergaben, dass es einen vierten und sehr ausgeprägten Zustand gibt, den Zustand, den man heute allgemein als «Alpha-Zustand» bezeichnet. Heute nimmt man an, dass es noch viele andere Bewusstseinsebenen gibt, die erst noch analysiert, benamst und erkannt werden müssen. Unsere Aufmerksamkeit gilt hier aber dem Alpha-Zustand.

Es ist ein Zustand tiefster Ruhe. Der Geist ist völlig leer: er enthält keine bewussten Gedanken. Diesen Zustand erreichen wir in tiefer Meditation. Ich nenne sie ganz gerne ‹medizinische Meditation›. Es ist Medizin für unseren Geist; sie reinigt. Denken wir daran: *Meditation ist Medizin*.

Dr. Brown hat das Wort «Biofeedback» geprägt, um die Reaktionen des Körpers auf den Alpha-Zustand zu beschreiben. Moderne Biofeedback-Geräte haben in die psychiatrischen Praxen längst Einzug gehalten. Wie Lügendetektoren und Herzmonitoren erfassen diese Biofeedback-Geräte den Blutdruck, die Hauttemperatur und den Herzrhythmus. Ein Diagramm mit einer schwingenden Nadel zeigt der Testperson unmittelbar Bewusstseinszustand und Körperreaktion an. Ich habe mich auch einmal an das teure Biofeedback-Gerät in einer Praxis eines christlichen Psychiaters in Kalifornien «anschliessen» lassen. Frau Donald Brandt, die zuständige Schwester, eine Expertin auf diesem Gebiet, bediente das Gerät, als ich mich in die Meditation versenkte. «Gut! Herrlich! Die Meditation mit positivem Denken funktioniert bei Ihnen tatsächlich!» sagte sie, als ich sofort darauf ansprach. «Und wenn die Meditation mit positivem Denken (MPD) bei Ihnen funktioniert, kann sie das auch bei anderen Menschen», fügte sie begeistert hinzu.

Eine Vielzahl von Wegen zur Meditation als Technik, mit der man sich von Spannung und Stress befreit, wird von verschiedensten Religionen, aber auch von zahlreichen nicht-religiösen Lehren angewandt. Allen Formen der Meditation – ob TM, Zen-Buddhismus, Yoga oder irgendeine der vielen Meditationsmethoden, die in den fünftausend Jahren jüdischchristlicher Tradition entwickelt wurden – allen diesen Formen ist etwas gemeinsam: der Meditierende sucht die Wirrungen des Bewusstseins zu überwinden. Einige Meditationsmethoden lehren einen, sich auf einen besonderen Gegenstand oder ein besonderes Bild zu konzentrieren. Das kann so geschehen, dass man mit den Augen einwärts blickt, so dass man die Nasenspitze sehen kann. Bei anderen Methoden muss man sich ein Auge vorstellen, das sich nahe beim oberen Hinterkopf befindet. Die Mönche in den Klöstern richten ihre Augen auf ein Kruzifix.

Auf ähnliche Weise dient das Mantra oder ein einfacher liturgischer Gesang in vielen östlichen Meditationsmethoden dazu, das Unterbewusstsein von den spannungserzeugenden Reizen wegzubringen. Ein Mantra ist nichts Mystisches. Es ist eine Abfolge von Silben, die immer wieder wiederholt werden, um die Ablenkung, welche die materielle Welt verursacht, auszuschalten.

Die wirkungsvollsten Mantras verwenden die Silbe «M». Wir können deren Wirkung erfahren, wenn wir das Wort «mich» unzählige Male wiederholen. Der vibrierende M-Laut setzt sich von den Lippen durch den Kopf bis ins Gehirn fort. Die Vibration entspannt den Geist so, wie ein vibrierender Friseur-Sessel oder eine Vibrationsmatratze die Muskeln entspannt.

Das Mantra ist von den Anhängern einer der am erfolgreichsten vermarkteten Meditationsmethoden eingehend diskutiert und propagiert worden. Ich spreche von der Transzendentalen Meditation, kurz TM genannt. Sie ist keine Religion und auch nicht unbedingt antichristlich. Sie ist aber, was ihre geschäftsmässige Verbreitung angeht, nichtchristlich. Sie beinhaltet nicht die dynamische Liebe und die positive Kraft von Jesus Christus. Aus diesem Grunde setze ich mich für jene Medita-

tion ein, die Christus anwandte: die MPD, das heisst die Meditation mit positivem Denken.
Die MPD ist nicht neu. Sie hat schon vor Christus bestanden. Dr. Herbert Benson zeigt in seinem Buch «The Relaxation Response», dass in jedem Menschen ein «Gerät» ist, das - wenn es durch die Meditation «angestellt» wird - die Spannung abschaltet und die innere Ruhe einschaltet.
In einem sehr aufschlussreichen Interview in «Book Digest» wurde im Gespräch mit einem Harvard-Professor folgendes gesagt:
Frage: «Wie haben frühere Generationen den Entspannungsmechanismus ausgelöst?» Antwort: «Durch das Gebet und die Meditation.»
Es ist wichtig, sich daran zu erinnern, dass Meditation in jeder Form das Unterordnen des Menschen unter göttliche Gesetze ist. Gott hat die Menschen anders als alle anderen Kreaturen auf dieser Welt geschaffen. Er schuf uns mit einem Bewusstsein und einem Unterbewusstsein. Wir verfügen über sehr viele Kräfte und Möglichkeiten, die wir noch gar nicht voll erfasst haben. Gott will, dass wir unseren Geist, unsere Gefühle und unsere Kräfte aufbauend, schöpferisch und positiv verwenden, um innere Ruhe, Erfüllung, Selbstverwirklichung und ein frohes, harmonisches Leben zu erlangen.

Das Ziel der MPD

Jedes Verfahren, das uns den Weg zur Meditation bahnen will, zielt auf einen anderen und doch wiederum ähnlichen Zustand ab. Bei der TM geht es darum, einen Ruhezustand, eine Leere, zu erlangen. Yoga nennt das Erkennen eines universellen geistigen Gebers als Ziel.
Das Ziel der Meditation mit positivem Denken besteht darin, in Gott zu sein und geduldig auf ihn zu warten. In der MPD wollen wir den Alpha-Zustand nicht einfach deswegen errei-

chen, um den Blutdruck zu senken - so wichtig dies auch ist. Das Ziel besteht darin, jenen Zustand der Entspannung zu erlangen, dank dem wir uns von negativen Spannungen befreien, die den Fluss schöpferischer Gedanken hemmen und sogar die Stimme und den Geist Gottes verstummen lassen! «Sei ruhig und wisse, dass ich Gott bin.» Denken wir an den Leitsatz dieses Buches: Die Ruhe ist Voraussetzung der Kommunikation.

Ich werde oft nach dem Unterschied zwischen MPD (Meditation mit positivem Denken) und TM (Transzendentale Meditation) gefragt. Der Unterschied ist Jesus Christus. Er ist mein von Gott gesandter Guru. Und da gibt es nichts zu diskutieren: *Jeder Mensch, selbst ein Atheist, ändert sich, wenn er sich an der Lehre, am Geiste und am Beispiel von Christus inspiriert. Jeder Mensch wird ein besserer Mensch, wenn er zum Jünger Christi wird. Denn er lehrt uns, uneigennützig zu sein.*

Bedeutungsleere Mantras, die unablässig wiederholt werden, sind nie so wirkungsvoll wie die christliche Meditation, die die Liebe Jesu Christi in unser tägliches Leben bringt. Denn diese Liebe besitzt die Fähigkeit, in unserem Innersten tiefsten Frieden zu bewirken. Wenn wir als Christ meditieren, konzentrieren wir uns auf Gott. Wenn wir Gott in unserem Leben haben, brauchen wir keinen anderen Guru. Machen Sie mit - werden Sie ein MPD, ein Meditierender mit positivem Denken!

Fünf Schritte zur wirkungsvollen Meditation

1. Neutralisieren Sie Ihren Geist. Um wirkungsvoll meditieren zu können, entspannen und verlangsamen Sie Ihr sich rasch drehendes Bewusstsein; stellen Sie den Schalthebel des Geistes in die neutrale Position. Schalten Sie das rasche, vorwärtsdrängende Denken aus, und nehmen Sie Ihre geistige Aktivität aus dem Rückwärtsgang. Mit anderen Worten: Denken Sie nicht mehr an das, was Sie gemacht haben oder nicht gemacht

haben oder machen werden. Schalten Sie Ihr Bewusstsein in die neutrale Position. Stellen Sie sich vor, dass Ihr Kopf neutral, unbelastet, einfach und ruhig dreht und summt, und konzentrieren Sie sich ausschliesslich auf das sanfte, ruhige, neutralisierend vibrierende geistige Summen.
Diesen geistigen Zustand erreichen Sie besser, wenn Sie die Muskeln Ihres Körpers entspannen. Setzen Sie sich auf einen bequemen Stuhl. Spüren Sie, wie Ihr Gewicht auf dem Stuhl ruht. Fühlen Sie jetzt, wie Sie leichter werden - wie Sie fast schweben. Schliessen Sie die Augen; halten Sie sie während der verschiedenen Stufen der Meditation geschlossen. Wenn wir unsere Augen schliessen, vermeiden wir, dass wir optisch abgelenkt werden, was unseren denkenden Geist nur wieder in Bewegung setzen würde.

2. Erreichen Sie Harmonie. Denken Sie daran, dass das Ziel der MPD darin besteht, Einigkeit mit dem Geiste Gottes, dem ewigen Schöpfer, zu erlangen. Harmonie mit seinem Geiste ist wesentlich, wenn man wirkungsvoll sein will. Hören Sie auf die Anweisungen eines grossen Meditierenden, des Psalmisten der Bibel:
«Lass dir wohlgefallen die Reden meines Mundes und das Sinnen meines Herzens, o Herr, mein Fels und mein Erlöser!» (Psalm 19,15).
Konzentrieren Sie sich auf die Bibel-Verse «Nicht mein Wille, sondern deiner geschehe, Gott» und «Den Frieden lasse ich unter euch, ich gebe euch meinen Frieden». Die lebensverändernde, kräftespendende Meditation mit positivem Denken ist ein Duett, kein Solo. Auch dann, wenn wir unser Bewusstsein ausschalten, warten und horchen wir - mit der Einstellung, unseren Willen mit dem vollkommenen heiligen Willen des Schöpfers in Übereinstimmung bringen zu wollen.
Schliesslich verfolgt die MPD das positive Ziel, dass man zu dem Menschen wird, als den Gott einen haben will. Wir sind in Ruhe darauf vorbereitet, unsere Gedanken auf seine «Sen-

derwellen» einzustellen. Und wenn wir uns auf seinen Willen einstimmen, stimmen wir uns auch auf den Frieden und die Ruhe ein.
Autofahrer wissen, dass man ihnen, wenn sie den Wagen in den Service bringen, in der Garage in regelmässigen Abständen sagt, die Lenkgeometrie der Räder stimme nicht mehr. Dadurch werden die Pneus ungleichmässig abgefahren. Die Innen- oder die Aussenseite wird bis zu einem Punkte abgenützt, wo es gefährlich zu werden beginnt. Der Garagist schlägt vor, die Räder neu ausrichten zu lassen.
Das ist im Grunde genommen das Prinzip der MPD. Bei der MPD wird allerdings nicht die Lenkung der Räder ausgerichtet, sondern die Lenkung des Willens. Wenn unsere Nerven am Zerreissen sind, brauchen wir eine Ausrichtung des Willens.
Wir richten unseren Geist mit Gottes Hilfe neu ein. Wir erlangen innere Harmonie, und nach beendeter Meditation sind wir wieder voll Energie und Vitalität: Wir sind fähig, aus unserem Leben die maximale Kilometerzahl herauszuholen!
Harmonie besteht dann, wenn zwei oder mehrere Menschen einander zuhören. Bei der MPD hört unser Herz auf den ruhigen Geist Gottes, und dieser hört auf unseren ruhigen Geist.

3. ‹Entkeimen› Sie Ihren Geist. Aus der tiefen Ruhe kann unter Umständen ein beunruhigendes Gefühl auftauchen. Wie ein Ölfleck aus der Tiefe auf das klare Wasser hinaufkommen kann, können negative Gefühle auftauchen – vielleicht irgendein Neid, Eifersucht, Schuldgefühle oder ein stiller Schmerz. Machen Sie weder den bewussten Versuch, diese Gefühle aus Ihrem Unterbewusstsein herauszubaggern, noch den Versuch, sie zu unterdrücken, wenn sie auf natürliche Weise hervorkommen. Lassen Sie Gott, die letztlich alles heilende Kraft des Vergebens, diese Gefühle ausmerzen, und zwar dann, wenn er will. Wenn sie sich auf dem neutralisierten, von Gott harmonisierten Bildschirm unserer Meditation zusammenballen, so können wir gewiss sein, dass die Tatsache, dass wir uns dieser Gefühle bewusst sind, Beweis dafür ist, dass Gott jetzt im Begriffe ist, sie aus unserem Leben auszumerzen. Das ist sein Weg und seine Art des geistigen ‹Entkeimens›, Reinigens und Läuterns unserer Seele; auf diese Weise befreit er uns von einer Ansammlung gefühlsmässig schlechter und elender Erfahrungen, welche die Ursache der inneren Spannungen waren. Entspannen Sie sich, und lassen Sie Gottes läuternden Geist die Giftstoffe entfernen. Fühlen Sie, wie der frische Hauch seines läuternden Geistes eintritt. Bei der Beendigung der MPD werden Sie die Augen öffnen und sich gereinigt fühlen! Rein geworden! Neu! Neu geboren!

4. Beruhigen Sie Ihren Geist. Lassen Sie nun alle beunruhigenden, störenden Erinnerungen oder Stimmungen, die in Ihnen auftauchen, von sich weggehen. Sie sind jetzt willens und bedingungslos verpflichtet, aus Eigennutz heraus entstandenen Schmerz, gehegte und gepflegte Ressentiments oder unsinnige Eifersucht laufend zu vergessen.

Stellen Sie sich einen ruhigen Teich vor. Vor Ihrem geistigen Auge sehen Sie, wie sich unartige Jungen nähern. Sie schlagen die ruhige Oberfläche mit Stöcken; das Wasser spritzt auf. Nach einer Zeit hören sie auf und rennen davon. Und das eben noch spritzende Wasser wird zu kräuselnden Wellen und beruhigt sich nach und nach in sanfter, lieblicher Bewegung. Was die Stöcke in den Händen unartiger Jungen im Verhältnis zum Wasser sind, das sind negative Erinnerungen und schlechte Gefühle für unsere innere Ruhe. Lassen Sie sie gehen, und lassen Sie Ihren Geist ruhig werden.

Vielleicht helfen Ihnen die segenbringenden Worte Jesu Christi. Wenn Sie den Eindruck haben, ein «Mantra» könnte Ihnen helfen, so nehmen Sie das «Mich» von Jesus Christus und wiederholen Sie es leise, melodisch summend, und vergewissern Sie sich so in Ihrem Innern seiner Gegenwart und seines Friedens, während Sie seine Versprechen nennen:

«Ich bin der Weg, die Wahrheit und das Leben.
Niemand kommt zum Vater
ausser durch mich.
Ich bin die Auferstehung und das Leben. Wer an mich glaubt,
wird leben, auch wenn er stirbt.»

Er ist der ewige Christus, die ewige Liebe, der ewige Frieden, er ist in uns, wenn wir seine Worte immer wieder sagen.

5. Stellen Sie sich im Geiste Schönes vor. Richten Sie Ihren Geist nun auf schöne Vorstellungen aus, um den heilsamen inneren Frieden zu erreichen und um die erquickende Heiterkeit der Seele voll und ganz zu verspüren.
Bei einer allgemeinen Meditation stellen Sie sich einfach einen schönen Anblick vor: einen ruhigen See mit lieblichen Wellen, Trauerweiden, deren Äste fast das Wasser berühren.

Die besondere Meditation für besondere Spannungen

Lernen Sie nun, die MPD einzusetzen, um sich von besonderen Spannungen zu befreien.

Wenn Sie niedergeschlagen sind

Setzen Sie sich in einen bequemen Polstersessel, in dem Sie sich vollkommen entspannen können. Legen Sie den Kopf auf den Sesselrücken zurück, und legen Sie die Arme auf die Sessellehnen. Schliessen Sie die Augen.
Verwenden Sie Ihre Vorstellungskraft. Stellen Sie sich vor, Sie würden immer höher steigen, durch die Zimmerdecke, durch das Hausdach, bis Sie über die Dächer der Nachbarhäuser fliegen. Sie befinden sich weit über dem lauten Verkehrslärm der untenliegenden Strassen. Während Sie immer höher schweben, verlieren sich Motorendröhnen, Hupsignale und Rufe der Motorradfahrer immer mehr. Alles, was Sie hören, ist das leise Flüstern der vorbeiziehenden Wolken. Heiterkeit

umgibt Sie, während Sie durch den azurblauen Himmel schweben.

Sie fliegen immer höher. Sie sind ohne Gewicht, beinahe wie eine Feder, die durch die Luft schwebt. Schliesslich sind Sie im Weltraum draussen. Häuser, Menschen, Autos, all das können Sie nicht mehr erkennen. Die Erde unter Ihnen ist nur noch eine grosse, runde Kugel. Sie sehen nur noch Meere und Kontinente. Sie sehen das, was die Astronauten auf ihrem Flug zum Mond sehen. Völlige Stille umgibt Sie, eine grosse Ruhe, vollkommener Frieden, eine heilige Stille. Die Erde ist jetzt weit weg, auf die Grösse eines Tennisballs zusammengeschrumpft.

Jetzt werden Sie von all dem eitlen Gezänk, den täglichen Kämpfen, dem Hass, der Eifersucht, den nagenden Schuldgefühlen befreit. Sie sind frei von dem Gott verbergenden Eigennutz.

Ihre Seele ist frei. Sie stehen über Ihren Schwierigkeiten, Ihren Problemen und Ängsten. Sie atmen frei und gelöst. Ja, Sie sind frei, allein in der unendlichen, stillen Weite des Raumes.

Das ist heiliger Raum. Er umschliesst und entspannt alles. Er ist herrlich, von Ruhe erfüllt, von Frieden erfüllt.

Sie spüren, wie unbegrenzte Liebe sich Ihrer bemächtigt. Es ist die Liebe des allmächtigen Gottes. Dies ist der Ort des Friedens und der Liebe.

Sagen Sie zu sich selbst:

> Ich habe mich über meine Spannungen erhoben.
> Ich bin mit Gott in Frieden.

Wenn Sie sich beengt fühlen

Fühlen Sie sich beengt, eingeschlossen, blockiert? Haben Sie das Gefühl, Ihre Probleme würden Sie erdrücken, Ihre Bewegungsfreiheit einengen und verhindern, dass Sie das Richtige tun und die richtigen Entscheidungen treffen? Versuchen Sie in diesem Falle, so zu meditieren:

Sie sind in einem Hof eingesperrt, der von einem hohen Eisen-

zaun umgeben ist. Es gibt zwar ein Tor, aber es ist so hoch wie der Zaun. Riegel und Kette schliessen es zudem fest zu. Sie gehen auf den Zaun zu und fassen das kalte Eisengitter mit nackten Händen. Jeder einzelne Ihrer Muskeln spannt sich, wie Sie das Tor aufdrücken wollen. Doch nur die Kette rasselt, sie wickelt sich um den Riegel – mehr geschieht nicht.
Da hören Sie plötzlich, wie jemand auf das Tor zukommt. Sie sehen sein Gesicht. Ein freundliches Gesicht. Es ist Jesus Christus. In seiner Hand hat er einen Schlüssel. Er lächelt Ihnen zu, wie er das Riegelschloss öffnet. Die Kette fällt zu Boden, und das Tor öffnet sich.
Sie rennen hinaus, über die freie, offene Erde. Endlich frei! Jetzt können Sie sagen:

Ich bin endlich frei. Gott hat mich frei gemacht.
Gott hat mir Frieden gegeben.

Wenn Sie Ärger und Ressentiments haben

Es gibt eine Meditation, die Sie ausprobieren sollten, wenn Sie aufgebracht, verärgert, wütend und über die Art, wie Sie ein anderer Mensch behandelt hat, verstimmt sind. Befreien Sie sich von diesen negativen Gefühlen!
Stellen Sie sich vor, Sie seien in einem kleinen Boot auf einem See, dessen Wasser von starken Winden gepeitscht werden. Sie rudern mit dem Boot auf das Ufer zu, was wegen des Sturms ein recht schwieriges Unterfangen ist. Hohe, rauhe Wellen schlagen gewaltig gegen Ihr kleines, hilfloses Boot. Das Boot schlingert auf alle Seiten. Eine Welle fegt vom Bug her über das Schiffchen, das Wasser schlägt wütend Ihr Gesicht. Wind und Wasser umtoben Sie von allen Seiten. Der Wind heult in Ihren Ohren. Die gegen das Boot schlagenden Wellen tönen wie Kanonenschüsse.
Sie wollen zurückrudern, doch es gelingt Ihnen nicht. Es ist unmöglich. Gleich vor Ihnen liegt eine ruhige Bucht. Wie Ihr Boot um die Ecke in die Bucht hineintreibt, lässt die Gewalt des Windes und des Wassers nach. Sie sind jetzt abseits von

den wütenden Elementen. Während Sie in den kleinen geschützten Hafen einfahren, wird alles ruhig. Hier gibt es keine Wellen. Der Wind weht erst nur noch sachte, schliesslich lässt er ganz nach. Jetzt sehen Sie, wie sich die Bäume und die umliegenden Berge im kühlen, klaren Wasser widerspiegeln. Der einzige Laut, den Sie vernehmen, ist das sanfte Rauschen des Wassers, das in leichten, weissgekrönten Wellen am Ufer ausläuft. Dann hören Sie einen Vogel singen und eine Grille zirpen. Alles ist jetzt friedlich.

Sagen Sie mit dieser heiteren Szene vor dem Auge:

Jetzt bin ich ruhig. Der Ärger hat mich verlassen.

Die meisten Menschen leiden von Zeit zu Zeit unter Selbstvorwürfen und Gefühlen des Bedauerns und der Reue.

Hören Sie auf damit. Gehen Sie in ein ruhiges Zimmer, in einen Park mit hohen Bäumen oder in eine leere Kirche. Irgendwohin, wo Sie allein sind. Schliessen Sie die Augen, und stellen Sie sich folgendes vor: An einem weitentfernten Ort ist es Winter. Stellen Sie sich einen schneebedeckten Abhang vor, der von Ski- und Rodelspuren durchzogen und von den Fussabdrücken vieler Menschen verunziert ist. Der herrliche weisse Schneehang ist unansehnlich geworden wie ein ehemals weisses Blatt Papier, das jetzt hässlich grau, zerfasert, abgenützt und zerrissen ist.

Es beginnt zu schneien. Grosse, reine, neue weisse Schneeflokken setzen sich sanft auf den verlassenen Berghang. Es fällt immer mehr Schnee, immer dichter werden die Flocken. Wie ein weisser Vorhang sanfter Vergebung fallen sie. Während des ganzen Nachmittages und bis in die Nacht hinein fällt Schnee. Am nächsten Morgen ist der Himmel klar, und die goldene Sonne lässt eine dicke Decke Neuschnee erstrahlen, die über dem ganzen Hang liegt. Die kahlen Bäume sind in federleichten weissen Samt gekleidet. Jede Spur und jeder hässliche Tritt auf dem Hang ist zugedeckt und unsichtbar.

Was Sie machen müssen, wenn Sie die Gegenwart Gottes spüren möchten

Machen Sie sich zuerst mit den Tatsachen vertraut. Es heisst: «Ich bin immer mit euch.» Gott lebt. Seine Gegenwart wird wegen der Spannungen und Ablenkungen von Ihrem Bewusstsein ausgeschlossen. Nehmen Sie den Schleier, der seinen Geist von Ihrem Bewusstsein trennt, weg. Beginnen Sie damit, dass Sie sich visuell nicht mehr ablenken lassen. Schliessen Sie die Augen, atmen Sie dann tief ein und langsam aus. Entspannen Sie sich. Schalten Sie den natürlichen Entspannungsmechanismus ein.

Wenn Sie vollständig entspannt sind, warten Sie zu, bis Sie die innere Stille spüren.

> «Lasset ab und erkennet, dass ich Gott bin.»
> (Psalm 46,11)
> «Sei stille dem Herrn und harre auf ihn.»
> (Psalm 37,7)

Meditieren Sie die Worte Jesu. «Siehe, ich stehe an der Tür und klopfe an. Wenn jemand meine Stimme hört und die Tür öffnet, werde ich zu ihm hineingehen.» (Offenbarung 3,20).

Bitten Sie jetzt Gott, er möge in Ihr Leben treten. Bitten Sie seinen heiligen Geist, er möge in Ihre Seele eindringen; er möge zu Ihnen kommen.

Stellen Sie sich jetzt ein offenes Feld vor. Jemand geht über dieses Feld. Zuerst erkennen Sie ihn nicht, fühlen aber, dass es ein Freund ist. Es ist ein herrlicher Mensch, einer Ihrer besten Freunde, aber Sie erkennen ihn noch nicht. Wie er näherkommt, merken Sie an seiner Art zu schreiten, dass es tatsächlich Gott ist.

Er hebt seinen Kopf und schaut Sie an. Jetzt sehen Sie sein Gesicht. Er ruft Ihnen und kommt auf Sie zu. Seine Arme öffnen sich, um Sie zu empfangen. Er ist Ihr Herr. Sie sind weder verlegen noch beschämt, wie Sie Ihre Arme öffnen und er Sie umarmt. Hier, auf diesem stillen, friedvollen Feld hält er Sie.

Er liebt Sie. Lassen Sie ihn in Ihr Leben treten, und Sie werden mit Herz und Seele im Frieden leben. Dies hilft Ihnen, die Stürme und Wirrungen des Lebens zu überstehen.

9. Über die Meditation hinaus – das Zweiweg-Gebet

Das heitere, erholsame Gefühl der Ruhe und Stille, das durch die tiefe Meditation entsteht, ist die wunderbarste Erfahrung, das herrlichste Erlebnis auf der Welt. Stimmt das? Nicht ganz! Das spannunglösende Erlebnis der Meditation kann mit der grossen Erleichterung verglichen werden, die man verspürt, wenn man durch das stürmische Meer hindurch in einen ruhigen Hafen gesegelt ist und dann dort glücklich und erleichtert vor Anker liegt. Das ist der Zweck und das erklärte Ziel fast jeder Meditation.

Die MPD bietet uns aber noch mehr! Was kann denn noch schöner sein, als durch das stürmische Meer hindurch zu segeln und in einen ruhigen Hafen einzulaufen? Das Schiff zu verlassen, ans Ufer zu gehen, ins traute Heim und mit der Familie die neuesten Erlebnisse auszutauschen. Der Entspannungsmechanismus, der uns von Gott gegeben wurde, hat nicht nur den Zweck, uns das unmittelbare Vergnügen an Ruhe und Frieden zu vermitteln; Gottes Absicht besteht vielmehr darin, uns so zu entspannen, dass wir *zu ihm hinüber kommen* und kameradschaftlich mit ihm sprechen können. Denken Sie an das Thema dieses Buches: «Innere Ruhe erlangen heisst zur kreativen Kommunikation fähig werden.»

Die packendste geistige Übung, die Sie in einem Buch überhaupt lernen können, ist das Zweiweg-Gebet, das phantastische Erlebnis, mit Gott zu sprechen und ihm bei der Meditation und der MPD zuzuhören. MPD ist deshalb eine Meditation mit positivem Denken, weil die negativen Spannungen, welche den freien Fluss von Gottes schöpferischen Ideen zu uns behindern, beiseite geschafft werden. Der Kanal ist frei. Die MPD funktioniert wirklich! Sie ermöglicht jene geistig gesunde Seelenlage, dank der Gott nur seine Signale zukommen lassen kann. Wenn wir in der Meditation entspannt sind, fliessen nur die wundervollsten positiven Gedanken zu! Nur Geist bringt grossartige Ideen hervor, und unsere Vorstellungskraft wird durch wunderbare Möglichkeiten angeregt.

Das Ziel der MPD ist es, dass wir mit Gott eins werden, auf dass er uns so nahe ist, dass er zu uns sprechen kann! Das ist es, was wir unter Zweiweg-Gebet verstehen. Der Psychiater Dr. Viktor Frankl glaubt, dass es im Menschen einen eingebauten geistigen Mechanismus gibt, dank dem wir Gottes Stimme empfangen können. Wir nennen ihn «das Gewissen», das Dr. Frankl mit dem Nabel vergleicht. «Unser Nabel hat erst einen Sinn, wenn wir den pränatalen Zustand des Menschen kennen», sagt er. Wir wissen, dass sich der Körper einst in der Gebärmutter der Mutter befand und der Nabel über die Nabelschnur die Verbindung zum Körper der Mutter war – eine Vorrichtung, die dazu bestimmt ist, den Embryo, der sich allein nicht erhalten könnte, mit Nahrung zu versehen. Wenn wir diese Kenntnis nicht hätten, hätte der Nabel für uns keinen Sinn!

Ganz ähnlich ist das Gewissen ein Phänomen, das zu erklären sich die Psychiater seit jeher vergeblich bemühen. Wir Menschen erleben, was man eigentlich nur als «existentielle Fähigkeit, Schuldgefühle zu empfinden» bezeichnen kann. Das Gewissen ist eine eingebaute «Stimme». Der Mensch allein erlebt Schuld. Der Hund, der davonrennt, wenn er etwas angestellt hat, empfindet keine Schuld; er reagiert nur in einem konditionierten Reflex. Psychologen der Pavlovschen Schule haben dies bewiesen. Aber die Menschen erleben unter allen Lebewesen Schuld – *das ist die Seele, die mit sich selbst moralisch ins Gericht geht.*

Das Gewissen – dies hat Dr. Frankl richtig gesehen – hat (wie der Nabel) nur dann einen Sinn, wenn wir des Menschen transzendentes Wesen erkennen. Wenn wir die Aussage der Bibel erkennen, dass Gott den Menschen nach seinem Bild geschaffen hat und dass er uns mit einem Gewissen versehen hat, damit er *zu uns sprechen, uns leiten und uns führen* kann, dann erhält das Gewissen einen Sinn, dann ist das Gewissen ein in jedem Menschen vorhandenes Gerät, mit dem Gottes Stimme empfangen wird. Das Gewissen, von dem wir üblicherweise glauben, es sei nur eine Einrichtung für negative Beurteilungen und Urteile, ist in Tat und Wahrheit ein Gerät für die geistige Stimme Gottes, dank dem er uns positive Botschaften übermitteln kann. Träume! Ideen! Sätze! Worte! So versieht die MPD die Meditation mit der positiven Möglichkeit, die Zweiweg-Kommunikation zwischen dem transzendenten ewigen Gott und seinen Kindern, den Menschen, Wirklichkeit werden zu lassen! Dies glaube ich von ganzem Herzen. Ich habe es ausprobiert. Es ist unerhört aufregend – das Zweiweg-Gebet!

Die vier Stufen des Gebets

Es gibt vier Stufen des Gebets. Die erste Stufe, die unterste, ist die Bitte. Wir bitten im Gebet, wenn wir Gott anrufen und vom ihm etwas haben möchten, das wir benötigen.

Aus Gottes Sicht ist dies ein absolut zulässiges, restlos akzeptierbares Gebet. Immerhin ist es von seinem ursächlichsten Anliegen her tendenziell egoistisch. Wir bitten um etwas *für uns selbst* – auch wenn es etwas ist, das wir benötigen. In einem solchen Falle brauchen wir jedoch seine Hilfe, und insofern ist es durchaus richtig, Gott darum zu bitten.

Die nächste Stufe des Gebets ist die Fürbitte. Dieses Gebet ist von weniger egoistischen Motiven geprägt, denn wir beten für jemand anders zu Gott. Wir bitten ihn für einen anderen Menschen um etwas, für einen Menschen, der vielleicht krank oder leidend ist oder Sorgen und Kummer hat. Wir beten zum Allmächtigen und bitten ihn, jenem Menschen zu helfen, seinen Schmerz zu lindern oder ihn von seinen Sorgen zu befreien.

Wir kommen nun zur dritten Stufe des Gebetes, die wir das Lobpreisen nennen. In diesem Gebet danken wir Gott für seine Hilfe, die er uns oder anderen Menschen hat zuteil werden lassen. Wir geben unserer Freude, Dankbarkeit und Liebe zu ihm Ausdruck. Wir lobpreisen ihn für seine Güte uns gegenüber.

Schliesslich kommen wir zu dem, was mein Freund, der verstorbene Dr. Frank Laubach, Autor des Buches «Die stärkste Kraft der Welt - das Gebet» (Oesch Verlag, Thalwil), das «Zweiweg-Gebet» nannte, die höchste Form des Gebetes. Bei diesem Gebet sind wir mit Gott im Gespräch. Wir bitten nicht, haben keine Fürbitte und lobpreisen nicht - wir sprechen mit Gott, und Gott spricht mit uns.

Beim Zweiweg-Gebet versuchen wir nachdrücklich und offenherzig, uns von Gott leiten zu lassen und die Botschaft, die er uns offensichtlich zukommen lassen will, zu empfangen.

Im Zweiweg-Gebet sprechen wir zu Gott, und er spricht zu uns. Wir hören ihn, aber nicht mit den beiden Ohren, die wir am Kopf haben und mit denen wir die Stimmen der Menschen und der Natur hören, sondern mit unserem inneren Ohr. Der Psychoanalytiker Theodore Reik nennt dies mit dem dritten Ohr, dem inneren Ohr, hören. Wenn wir die Stimme Gottes in uns hören, gewinnen wir aus dem Gebet Friede, Ruhe und Kraft. In unserem Leben finden auf einmal Wunder statt. Wir werden in unserem Entschlusse stark, Dinge, die wir uns vorgenommen haben, zu verwirklichen. Gott gibt uns die innere Ruhe, welche uns die Kraft gibt, die Widerwärtigkeiten des Lebens zu überwinden und Lösungen auf anstehende Probleme zu finden.

Es gibt Menschen, die mit dem inneren Ohr auf die Stimme ihres Gewissens und ihres Unterbewusstseins hören. Das ist es, was Psychologen «totale Integration» nennen. Die Gedanken kommen ohne gefühlsmässige Behinderung hervor.

Gott spricht über das innere Ohr zu uns. Wenn wir auf ihn hören, ändert sich unser Leben. Im Zweiweg-Gebet stellen wir ihm Fragen - warten - und hören mit dem inneren Ohr seine Antwort.

Wie ist es möglich, seine Stimme zu hören und seinen Geist zu empfangen?

Wie fangen Sie eine Taube?

In San Juan Capistrano an der südlichen Küste Kaliforniens gibt es sehr viele weisse Tauben. Als meine Kinder noch klein waren, fuhr ich oft mit ihnen dorthin. Sie rannten jeweils immer den Tauben nach und versuchten, sie zu fangen. Sie waren nicht davon abzubringen, dass dies ihnen gelingen müsse. Die schlichen sich von hinten her langsam an, wollten eine Taube packen, und genau in diesem Moment flog die Taube jedes Mal weg.

Eine Taube kann man nur fangen, wenn man die Hand ausstreckt und wartet. Dann kommt sie und setzt sich auf die Hand.

Gottes Stimme kann man nur hören, wenn man geduldig wartet.

Es gibt Abermillionen von Menschen, die sagen würden, dass sie ihr ganzes Leben lang gebetet hätten, was ihnen aber nie von sonderlich grossem Nutzen gewesen sei. Vermutlich haben sie *nie* das Zweiweg-Gebet gebetet! Sie haben nur immer «Lieber Gott» oder «Unser Vater» gesagt, ohne viel zu denken einen Wortschwall artikuliert und dann mit «Amen» geschlossen. Darauf hoben sie ihren Kopf wieder, standen auf und gingen wieder an die Arbeit. Sie haben nie *meditiert,* sich entspannt, gewartet, Gott die Gelegenheit gegeben, zu ihnen zu sprechen! Sie haben nie auch nur einen Augenblick lang zugehört. Sie haben sich nicht einmal die Zeit genommen zu hören, was Gott ihnen hat sagen wollen!

Dazu kommt – und dies ist eine Tatsache –, dass die gleichen Menschen in der Regel auch unfähig sind, mit den anderen Menschen ein Gespräch zu führen. Wir alle kennen Menschen, die in einen Raum hereingestürzt kommen, die Konversation an sich reissen, dauernd sprechen, nicht zuhören und andere weder um ihre Meinung noch um ihren Rat fragen. Wenn sie ihren unüberlegten, gedankenlosen Wortballast abgeladen haben, drehen sie sich auf dem Absatz um und sagen: «Tut mir leid, ich muss leider gehen, bis zum nächsten Mal!» Die Tür fällt ins Schloss, und weg sind sie. Sie haben uns keinerlei Gelegenheit gegeben, zu reden, zu fragen, zu antworten. Ist das Kommunikation?

Wahre Kommunikation bei jeder zwischenmenschlichen Beziehung bedeutet nicht, dass wir immer sprechen müssen, die Konversation beherrschen und dann weggehen. Niemals können wir zu einem anderen Menschen eine Beziehung schaffen, wenn wir nicht mindestens so viel Zeit aufs Zuhören wie aufs Sprechen verwenden.

Beim wirkungsvollen Zweiweg-Gebet sprechen wir nicht nur – wir hören vor allem zu. Wir stellen Fragen und warten dann auf die Antwort. Wir tun es in Demut und Bescheidenheit: «Ich weiss nicht alles, ich muss noch viel lernen.» Im Buch Jeremia hören wir die Stimme Gottes:

> Rufe mich an, so will ich dir antworten und dir Grosses, Unfassbares kundtun, Dinge, die du nicht weisst. (Jeremia 33,3)

Jemand hat mich einmal gefragt, was ich vom Gebet alles wisse. «Nicht alles», musste ich zugeben, «ich bin nicht einmal sicher, ob ich sehr viel darüber weiss. Doch ich weiss genug, um zu erkennen, dass wir in zwei Welten leben. Zum einen in der materiellen Welt des Alltags, zum andern in der geistigen Welt. Dies sind zwei Wirklichkeiten. Die eine sehen wir mit den Augen, fühlen wir mit unseren Händen und hören wir mit den Ohren. Die andere ist die unsichtbare Wirklichkeit von Gottes geistiger Welt.»

Ich weiss auch, *dass das Gebet Gottes Gelegenheit ist, zu uns zu sprechen!* Durch jene Einrichtung der inneren Stimme! Doch wir missbrauchen die Gelegenheit, verwenden die Einrichtung falsch. Kein Wunder, dass sie nicht funktioniert.

Ich weiss, dass das Zweiweg-Gebet funktioniert. Es ist allerdings nicht so einfach. Es erfordert grosse, unerbittliche Disziplin, sich die Zeit zu nehmen, um die Zwänge unserer gehetz-

ten Welt abzulegen. Zunächst braucht man Zeit, um sich durch entspannendes Meditieren auf das Gebet vorzubereiten. Sie können sich nicht in die Meditation und in das Zweiweg-Gebet stürzen! Nehmen Sie sich 15 Minuten Zeit für die Vorbereitung, 30 Minuten sind noch besser. Gehen Sie langsam durch die verschiedenen Meditationsübungen hindurch. Neutralisieren, harmonisieren, «entkeimen» und beruhigen Sie Ihren Geist. Stellen Sie sich dann Gott vor (als Menschen oder als Lichtstrahl), und dann - wenn Sie 10 bis 15 Minuten meditierend verbracht haben - gehen Sie über die Meditation hinaus: sprechen Sie, hören Sie zu - führen Sie also ein Gespräch mit dem ewigen Gott.
Zunächst eine Warnung. Da das Zweiweg-Gebet etwas sehr Persönliches und Subjektives ist, besteht immer die Gefahr, dass man nur das «hört», was man gerne hört. Es besteht auch die Gefahr, dass wir nur unsere unbewussten Wünsche «vernehmen» statt die wahre Stimme Gottes. Beachten Sie deshalb zur Sicherheit unbedingt diese Richtlinien:

1. Lesen Sie vor dem Gebet in der Bibel. Lesen Sie die Zehn Gebote (2. Mose, 20, 2-17). Lesen Sie die Seligpreisungen (Matthäus 5,3-12). Denken Sie daran: Jede «Botschaft», die Ihnen in den Sinn kommt und im Widerspruch zum gedruckten Worte Gottes ist, ist ganz bestimmt nicht Gottes Stimme! Denn Gott widerspricht sich nicht.

2. Überprüfen Sie Ihre «Antworten» anhand von Fragen, welche die «christliche Integrität» dieser «Antworten» testen. Ich selbst verwende die folgenden Fragen, um «meine Orientierung zu kontrollieren»:
a) Ist das wirklich im Sinne der Nächstenliebe?
b) Ist das wirklich uneigennützig?
c) Ist das restlos wahr und ehrlich?
d) Ist das wahrhaft positiv und aufbauend?
Wenn Sie dann an den «Antworten», die Sie im Zweiweg-Gebet bekommen, irgendwelche Zweifel haben und wenn die

Orientierung dem zuwiderläuft, was Ihr inneres Gefühl Ihnen sagt, so machen Sie folgendes:
Sprechen Sie mit einem Freund, der überzeugter Christ ist und mit dem Zweiweg-Gebet Erfahrungen gesammelt hat. Bitten Sie ihn, mit Ihnen zu beten. Teilen Sie mit ihm Ihre Antwort. Zusammen können Sie beide zurückgehen und Gott nochmals fragen. Wenn Sie beide mit der Antwort einiggehen - dann vertrauen Sie auf sie, und fahren Sie fort!
Jene Schwester, von der ich vorhin berichtete, ist die Frau eines Geistlichen; sie praktiziert den christlichen Glauben streng und lehrt das Zweiweg-Gebet. Einer ihrer Studenten, er war Zahnarzt und noch nicht lange dabei, bat sie einst bei einem Problem um ihre Hilfe. «Perky», sagte er, «ich habe einen Patienten mit einem üblen Zahngeschwür. Ich habe alles versucht, aber nichts hat geholfen. Könntest du es nicht mit dem Zweiweg-Gebet versuchen und mir eine Antwort finden?» Perkys spontane Reaktion war negativ. «Ich war der Ansicht, dass er die Antwort selber finden müsse. Doch da er noch ganz am Anfang stand und sehr offen und ehrlich war, willigte ich ein. Ich vertiefte mich also ins Zweiweg-Gebet und bat Gott um seinen weisen Ratschlag. Ich horchte. Ich wartete. Ich entspannte mich. Ich wartete. Und das Wort, das mir in den Sinn kam, hiess «Wärme». Wärme? dachte ich, das kann's wohl nicht sein, lieber Gott! Denn Wärme würde die Infektion ja nur noch vergrössern und verschlimmern! Ich fragte Gott erneut. Ich wartete. Und wieder hörte ich das Wort «Wärme» - beinahe laut gesprochen hörte ich es!
Ich telephonierte dem Zahnarzt und sagte zu ihm: «Sie werden es nicht glauben, was ich für eine Antwort bekommen habe. Und ich muss Ihnen gleich vorweg sagen, dass es Ihr Patient ist und dass Sie wissen müssen, was Sie tun wollen - aber ich habe das Wort ‹Wärme› gehört. Nun weiss ich ja, dass eine Wärmebehandlung gefährlich sein könnte; lehnen Sie diesen Rat also ruhig ab, wenn er Ihnen im Gebet nicht bestätigt wird.»

Der Zahnarzt erhielt aber die Bestätigung und machte die Wärmebehandlung. Binnen weniger Stunden gingen beim Patienten die Entzündung und die Infektion zurück, und die vollständige Heilung folgte kurz darauf.

«Sag mir, Perky», fragte der Zahnarzt seine Gebetslehrerin, «kannst du dir als diplomierte Schwester, die für einen Internisten arbeitet, irgendeinen Grund denken, weshalb die Wärmebehandlung so gut geholfen hat?» Perky antwortete ihm: «Eigentlich nicht. Wir wenden sie bei Erkrankungen der Knochenhöhle an, wenn es eine natürliche Entleerungsröhre gibt.» – «Ah daher», sagte der Zahnarzt, «ich vergass, es dir zu sagen: ich hatte bereits vorher eine Entleerungskanüle eingesetzt – jetzt verstehe ich, weshalb die Wärme in diesem Falle dazu verholfen hat, dass der Eiter rascher abfliessen konnte!»

Ich kenne keine grossartigere und wissenschaftlichere geistige Lehre als das Gesetz des Zweiweg-Gebetes. Gott wird zum Menschen. Eine echte Beziehung entsteht. Plötzlich wird Gott Wirklichkeit – er wird so wahrhaftig und lebendig wie jeder andere Mensch, der zu uns spricht und uns zuhört.

Durch tägliche Übung und Hingabe werden Sie lernen, solche Gespräche mit Gott zu führen. Sie werden fähig, jede Spannung, jedes Problem und jede Schwierigkeit zu beseitigen, und Sie werden die innere Ruhe finden, indem Sie sich in die MPD und darüber hinaus in das Zweiweg-Gebet vertiefen.

Gott hört Ihnen zu, und Sie hören Gott zu. Sie sprechen beide miteinander, bis Sie in tiefer geistiger Harmonie sind. Es ist eine herrliche Zweiweg-Kommunikation.

Vor einiger Zeit kam ich auf dem Rücken liegend in einem Ambulanzwagen, der eine Bergstrasse hinunterfuhr, zu mir. Ich war von einer Leiter heruntergefallen und hatte mir dabei einige Knochen gebrochen und mir eine Nierenblutung zugezogen. Als ich so mit Schmerzen in der rüttelnden Ambulanz lag, begann ich mit der Zweiweg-Kommunikation ein harmonisierendes Gebet.

«Vater im Himmel», fragte ich, «warum in aller Welt bin ich

heruntergefallen?» Ich hörte ihn sagen: «Schuller, das ist allein deine Schuld. Warum hast du auch eine so wackelige Leiter genommen!»

«Das stimmt, Gott», antwortete ich, «es ist meine Schuld.»

«Werde ich wieder ganz gesund?» fragte ich.

«Ja.» Die Antwort kam sogleich.

So verbrachte ich eine Stunde in der Ambulanz und genoss - jawohl: genoss! - die wundervolle Zweiweg-Kommunikation mit Gott auf der ganzen Fahrt bis zur Notfallstation des Spitals.

«Für einen Mann, der unglücklich von einer Leiter heruntergefallen ist, machen Sie noch einen ziemlich glücklichen Eindruck», meinte der Arzt in der Notfallstation. Wenn er wüsste!

Wir können das Zweiweg-Gebet immer verwenden, wenn wir Unterstützung, Hilfe, Kameradschaft, Rat oder Zuspruch benötigen. Die grundlegende Regel ist die: Seien Sie mit Gott offen und ehrlich! Wenn Sie irgendwelche Zweifel haben, so setzen Sie hier ein. Versuchen Sie es mit diesem Zweiweg-Gebet:

«Gott, ich habe ein Problem, nicht wahr?»

(Pause - zuwarten - horchen. Die Chance, dass Sie ihn sagen hören «Ja, das ist so», ist gross.)

«Gott, im jetzigen Zeitpunkt zweifle ich sogar an dir! Wo bist du? Warum sagst du nichts?»

(Pause - zuwarten - horchen. Er wird antworten. Er wird einen Gedanken, eine Botschaft, ein Signal schicken.)

«Gott, kannst du meinen Glauben stärken?»

(Pause - zuwarten - horchen. Sie werden seine Antwort vernehmen: «Ja», und vielleicht fügt er noch hinzu: «Wenn du willst...» oder «Ja, aber ...»)

Während ich eben dieses Buch schreibe, kann ich bezeugen, dass Gott das Zweiweg-Gebet benützt, um mich persönlich zum erstaunlichsten Erlebnis hinzuführen, das - so viel ich weiss - noch kein anderer Gottesdiener gehabt hat.

Beim Zweiweg-Gebet rate ich Ihnen, im Regelfalle nur Fragen zu stellen, die Gott mit einem einfachen «Ja» oder «Nein» beantworten kann. In der Bergpredigt lehrte Jesus: «Vielmehr sei eure Rede: ‹Ja, ja; nein, nein›.» Als ich feststellte, dass Menschen fern blieben, weil unsere Kirche zu klein geworden war, stellte ich Gott verschiedene Fragen. Und er antwortete mir. Unser Dialog verlief etwa so:

Frage: Ist es dein Wille, dass sie fern bleiben?

Antwort: Nein.

Frage: Willst du, dass ich eine grössere Kirche baue? (Ich wollte dies nicht! Denn dadurch wäre sehr viel Geld nötig; eine solche Ausgabe konnte meine Gemeinde sich nicht leisten. Überdies würde ich mich scharfer Kritik aussetzen – daran gab es keinen Zweifel! Schliesslich hatte ich Angst, dann einen grossen Zuhörerraum zu haben, in dem Sitze leer bleiben würden – und das wäre für mich ja nur ein Misserfolg!)

Antwort: Ja.

Frage: Aber, Gott, wo soll ich das Geld hernehmen?

Antwort: Ich werde dafür sorgen.

Frage: Aber, Gott, es wird Millionen kosten – ich sagte: Millionen von Dollar! Ich kenne keine superreichen Menschen!

Antwort: Aber ich.

Und so ging es weiter. Durch das Zweiweg-Gebet verpflichteten wir einen Architekten. Das Resultat war eine riesige Glaskathedrale. «Zehn Millionen Dollar!?» der Kostenvoranschlag des Architekten schmetterte mich nieder. Ich vertiefte mich erneut in das Zweiweg-Gebet. «Wie soll das möglich sein?» fragte ich. «Suche zehn Menschen, die je eine Million geben», war die Antwort. Ich lachte beinahe! Was ich jetzt erzähle, ist noch nie dagewesen! Am Gründonnerstag rief ich einen Mann an, den ich zuvor nur einmal kurz getroffen hatte. Im Zweiweg-Gebet erhielt ich den Auftrag, ihn um eine Million Dollar zu bitten. Er antwortete: «Ich würde Ihnen gerne helfen, Herr Dr. Schuller, aber es ist mir leider nicht möglich!»

Ich vertiefte mich zusammen mit dem Mann in ein Zweiweg-Gebet.

Frage: Gott, er möchte helfen, aber er kann nicht. Kannst du für ihn einen Weg finden, damit es ihm möglich wird? Irgendwie? Irgendwann? (Wir sprachen nicht, wir warteten, wir horchten.)

Frage: Gott (ich fragte mit lauter Stimme), war dies Schullers Idee oder deine?

Wir sprachen nicht, wir warteten, wir horchten. Stellten Frage um Frage. Jeder Frage folgte eine lange Pause. Was mich betraf, waren die Fragen ziemlich spontan und nicht sonderlich abgewogen. Ich war sogar schockiert, als ich mich diese Fragen stellen hörte! Nach zehn Minuten gab ich es auf.

Am nächsten Tag, es war der Karfreitag, rief mich der Mann an und sagte mir, Gott habe ihn angewiesen, ja zu sagen, und habe ihm zugesichert, dass er einen Weg finden werden. Innerhalb vier Wochen brachte er die Spende! Eine Million Dollar! Sechs Wochen später hatten sich drei weitere Menschen mit je einer Million Dollar verpflichtet! Ich kann aus tiefster Überzeugung sagen, dass wir dieses Ziel nie erreicht und diesen Erfolg nie gehabt hätten, wenn wir uns nicht tief in die MPD und das Zweiweg-Gebet versenkt hätten.

Fassen Sie also jeden Ihrer Entschlüsse und lösen Sie jede Ihrer Spannungen mit der MPD und dem Zweiweg-Gebet – Sie werden eine nie gekannte innere Ruhe finden.

10. Das Geheimnis der inneren Ruhe

Es war fast Mitternacht. Unser Schiff fuhr durch das Marmara-Meer, jene schmale Wasserstrasse, welche die Dardanellen mit dem Ägäischen Meer verbindet. Meine Frau und ich waren auf einer Mitelmeer- und Mittelostreise; wir vollzogen den Weg des Heiligen Paulus nach und besuchten die Städte und Stätten, wo der grosse Apostel gepredigt hatte.

Wir standen in der Stille einer mondhellen Nacht auf dem Hauptdeck des Schiffes und konnten auf beiden Seiten das nahe Ufer sehen. Hin und wieder flackerte ein Licht in den schwarzen Hügeln, die sich in der Ferne vom klaren, tiefblauen, vom Mond erhellten Himmel abhoben. Das Meer war spiegelglatt, und das Schiff glitt sanft über die silberhelle Oberfläche. Langsam und sachte fuhr es in den Kanal ein, so wie man andächtig in eine grosse Kathedrale tritt.

Das Geräusch des Schiffsmotors hatte sich zu einem dumpfen Brummen verringert, so wie in einer schönen Kapelle laute Stimmen zu einem Flüstern werden. Der einzige Laut daneben war das sanfte Rauschen am Schiffsbug, der das Wasser teilte – ein Geräusch, das so sanft und anmutig war wie der Schleier einer Braut, der über einen weissen Samtteppich zum Altar gleitet.

Als wir so auf dem Deck standen, erfüllte uns der Geist absoluter Heiterkeit. Keiner sprach ein Wort. Die Stille sagte alles aus. Innere Ruhe! Wer dies einmal erlebt hat, vergisst es nie wieder.

Der eigentliche Ursprung und die tiefste Empfindung der heiteren Ruhe sind aber nicht in der Natur, sondern vielmehr im Glauben zu finden. Letzten Endes ist das, was wir brauchen, ein lebendiger, tiefer Glaube. An seinem Lebensabend hat C.G. Jung, zweifellos einer der grössten Psychologen aller Zeiten, geschrieben: «Während der vergangenen dreissig Jahre haben mich Menschen aus allen zivilisierten Ländern in ganz

Europa um Rat gefragt. Ich habe viele hundert Patienten behandelt. Unter allen meinen Patienten, die älter als 35 waren, gab es keinen einzigen, dessen Problem in der Schlussanalyse nicht darin bestanden hätte, eine religiöse Lebensanschauung zu finden. Es kann mit Sicherheit gesagt werden, dass jeder von ihnen sich deshalb krank fühlte, weil er das verloren hatte, was die lebenden Religionen jedes Zeitalters ihren Anhängern gegeben hatten. Und ich kann wohl sagen, dass kein Patient, der in dreissig Jahren in meiner Behandlung gewesen war, je wirklich geheilt wurde, wenn er nicht eine gesunde religiöse Anschauung wiedergewonnen hatte.»
Das Geheimnis der inneren Ruhe liegt in einer geistigen Schatzkiste verborgen. Seit undenklichen Zeiten haben Millionen von Menschen immer wieder bezeugt, dass sie von tiefster innerer Ruhe erfüllt worden sind, nachdem sie ein wahres religiöses Erlebnis hatten. Kürzlich habe ich von einem bekannten Psychologen im Süden Kaliforniens den folgenden Brief erhalten:

Lieber Pfarrer Schuller,

in den letzten zwei Jahren habe ich «zufälligerweise» immer das Fernsehgerät eingeschaltet, um mir ein bisschen von Ihrem Gottesdienst in der «Hour of Power» (Stunde der Kraft) anzuschauen. Ich sage deshalb «zufälligerweise», weil ich beinahe in meinem ganzen Leben überzeugter, logischer und engstirniger Atheist gewesen bin, was zu schreiben mir sogar noch in diesem Zeitpunkt meiner Entwicklung Mühe bereitet. Doch mein Unglaube war gewaltig. Aber trotz meiner Überzeugung – oder vielmehr Mangel an Überzeugung – hatten Sie etwas, das meine Neugier erregte.
Trotz meiner Starrköpfigkeit und meiner negativen Auffassung vom menschlichen Dasein ertappte ich mich dabei, wie ich Ihnen zuschaute und zuhörte, wenn Sie jeweils jene grosse Menschenliebe verkündeten, die mich irgendwie unsicher machte und fas-

zinierte. Sie haben eine ganz besondere Art, über das Fernsehen ehrliche Friedlichkeit auszustrahlen und sich auf grosse Weise mitzuteilen. Ich muss Ihnen offen gestehen, dass Sie kleine Lichtblicke von Gottes Wesen in mein Leben gebracht haben – auch wenn ich mich erst dagegen kräftig wehrte.
Während der letzten Monate habe ich daran gearbeitet, mein Leben zu verbessern, um meinen Patienten und allen, die mir begegnen, Freude und Glück zu verschaffen. Ohne dass ich es damals merkte, war ich daran, mich selbst auf etwas Wunderbares vorzubereiten. Am 9. Juni dieses Jahres sassen meine Frau und ich im Wohnzimmer, und ich hatte ein religiöses Erlebnis! *Ich spürte, dass ich mich für einen kurzen Augenblick in der Gegenwart Gottes befand – ja, ich, der durch und durch Ungläubige! Er berührte mich, es war wie ein* Heimgehen, *ein Zurückgehen zu jedem Menschen, jedem Ort, jedem Erlebnis und jeder Erinnerung meines Lebens, die schön und voller Freude war. Es war ein Gefühl des Nach-Hause-Gehens, verbunden mit Trauer, Sehnsucht, Begeisterung, grossem Verständnis, innerer Ruhe, und alles, was ich sagen konnte, war nur: «Ich danke dir, ich danke dir.» Ich danke dir, dass ich dich kennenlernen konnte, bevor es zu spät gewesen wäre. Ich danke dir für diesen unendlich kleinen* Lichtschimmer, *dieses einzelne* Sandkorn *am Strand, ich danke dir für diesen* Einblick *in das, was du für die Menschheit bereithältst. Ich kann Ihnen sagen, dass sich mein Leben von jenem Augenblick an vollkommen verändert hat.*
Alle Zweifel haben mich verlassen. Die logischen, verstandesmässigen und wissenschaftlichen Erklärungen sind bedeutungslos. Es gibt für mich keine Angst mehr. Ich weiss jetzt, wonach ich so lange gesucht habe – innere Ruhe. Und das Herrlichste an allem ist: Ich glaube zu hundert Prozent an Gott.
Ich lese mehrmals täglich in der Bibel, ich weiss so wenig und freue mich, das Richtige zu lernen. Es überrascht sogar mich, wie ich in den Konsultationen mit Patienten über Gott, die Liebe und die Bibel spreche; ich habe auch schon mehreren Patienten eine Bibel gegeben. Ja, Gottes Arbeit ist geheimnisvoll.

Um die innere Ruhe auch in ihren letzten Möglichkeiten zu erfahren, sollten Sie einen persönlichen religiösen Glauben erfahren und erlangen.

Wenn Sie mir von Anfang an bis hierher gefolgt sind, so bin ich sicher, dass Sie sich ein positives Eigenbild zugelegt haben oder doch im Begriffe sind, es zu entwickeln.

Nachdem Sie dieses positive Eigenbild erlangt haben, sind Sie *gefühlsmässig fähig*, gläubig zu werden. Der Mensch, der sich selbst nicht liebt, betrachtet sich als unwert, von Gott geliebt zu werden. Und niemand kann an jemanden glauben, der einen nicht liebt. «Du sollst Gott und deinen Nächsten lieben wie dich selbst!» Jesus sagt, dass wir nicht in der Lage sind, Gott zu lieben, wenn wir uns selbst verachten und hassen.

Wer von sich selbst ein abstossendes Eigenbild hat, kann nicht glauben, von einem Gott geschaffen worden zu sein, der als «der Schöpfer aller herrlichen und schönen Dinge» dargestellt wird. Der negative Entscheid einer solchen verzweifelten Seele geht dann eben dahin, an Gott zu zweifeln oder ihn zu verleugnen. An jemanden glauben heisst auf dessen erste Anzeichen von Aufmerksamkeit und Liebe positiv reagieren. Doch ganz gewiss wird niemand auf die Liebesbezeugungen eines anderen eingehen, wenn er spürt, dass eine solche Beziehung nur seine Unansehnlichkeit und sein reizloses Wesen offenbart und dass das Ganze in einer Ablehnung endet. Und genauso kann ein Mensch, der sich selbst nicht liebt, auf die ersten Zeichen Gottes, eine Beziehung aufzubauen, nicht antworten. Er denkt von allem Anfang an, Gott würde ihn von sich stossen, wenn er herausfinde, was für ein elender Versager er im Grunde genommen sei! So wird die Angst, nicht angenommen zu werden, zum Zweifel und zur Verleugnung.

Der Mensch, der sich selbst nicht liebt, wird auch von Schuldgefühlen verfolgt. Denn er hat nicht gelernt, mit seinen Unzulänglichkeiten fertigzuwerden. Schuldige Menschen setzen alles daran, nicht vor Gericht erscheinen zu müssen. Menschen mit Übergewicht meiden die Waage. Der Schuldner fürchtet und meidet Telefon und Briefkasten. Und der schuldige Sünder meidet die Religion. Dadurch werden Zweifel an der Religion oder deren Ablehnung zu einem unbewussten Schutzmechanismus des schuldigen Menschen, dessen negatives Eigenbild es ihm verbietet, an einen Gott zu glauben, der sein Richter sein könnte.

An Gott zu glauben - dies ist für einen Menschen, der sich selbst nicht liebt, die grösste Bedrohung.

Zudem ist fehlender Glaube oft die Auswirkung mangelnden Selbstvertrauens, mangelnden Glaubens an sich selbst. Indem wir nicht an uns glauben, projizieren wir unsere Unfähigkeit, an andere zu glauben. Auch diese Projektion ist ein unbewusster Schutzmechanismus für all die Fälle, wo wir «andere an uns selber messen» und sie an uns beurteilen. Der gute Mensch glaubt, dass auch die anderen Menschen gut sind. Der unehrliche Mensch wähnt auch die anderen unehrlich. Der Mensch mit einem negativen Eigenbild glaubt nicht an sich selbst - wie könnte dann Gott an ihn glauben? Der Zweifel an der Religion ist die Projektion des Zweifels am eigenen Ich.

Der Mensch, der sich selbst als bejahendes Wesen sieht, reagiert dagegen natürlich, normal und unmittelbar auf andere positive Menschen, die ihm begegnen. Der sichere Mensch spürt intuitiv die sicheren Menschen, denen er begegnet, heraus, und es entsteht sofort ein geistiges Klima des Vertrauens, das ein offenes Gespräch und mithin eine bedeutungsvolle Beziehung ermöglicht. Und so ist der selbstsichere Mensch auch ganz natürlich dazu geneigt, auf Gott positiv zu reagieren, wenn er mit ihm in Beziehung tritt.

Glaube an Gott ist somit die natürliche, normale, positive Gefühlsreaktion eines sich selbst achtenden Menschen. Und je mehr unser positives Eigenbild wächst, um so mehr werden wir der gefühlsmässig gesunde Mensch, der an Gott glauben kann. Und je stärker unser Glaube wird, um so näher sind wir dem Geheimnis der wahren inneren Ruhe.

Spannung, eine geistige Krankheit

Spannung auf ihrer untersten Stufe ist eine Krankheit des Geistes. Dem Vogel ist es wohl, wenn er in der Luft fliegt. Dem Fisch ist es wohl, wenn er im Wasser schwimmt. Dem menschlichen Geist ist es wohl, wenn er sich in der Welt des Glaubens befindet. Glaube ist des Menschen natürliche Umgebung. Der Beweis dafür liegt in den positiven Ergebnissen positiver Religionen: Der Glaube bringt diese Früchte hervor: Friede, Freude, Liebe, Hoffnung, Mut, Begeisterung. Der Beweis dafür lässt sich in den Gegensätzen ablesen: Der Zweifel verursacht im Menschen negative Gefühle: Angst, Verdacht, Kummer, Sorge, Feindseligkeit, Verzweiflung.

Um die Spannung auf ihrer untersten Stufe zu beseitigen, müssen Sie jetzt einen positiven Glauben suchen, der den menschlichen Geist von jener Krankheit, die wir Spannung nennen, befreit und heilt.

Ein positiver Glaube an Gott heilt Ihre Seele auf friedliche Weise, denn er schenkt Ihnen:

1. Vergebung – welche die Spannung der Schuld beseitigt.
2. Stolz – welcher die Spannung der Scham ausmerzt.
3. Ziel – welches die Spannung der Bedeutungslosigkeit bekämpft.

Machen wir diese drei Schritte zur heiteren Ruhe und Gelassenheit:

Vergebung ist der erste und wichtigste Schritt zur inneren seelischen und geistigen Ruhe.

Vor einigen Jahren spielte ich mit Dr. Karl Menninger, dem bekannten Psychiater, in der Chicagoer Wohnung unseres gemeinsamen Freundes, W. Clement Stone, Schach. Plötzlich blickte mich Dr. Menninger an und fragte: «Herr Dr. Schuller, üben Sie Reue?» Da ich mich auf unser Spiel konzentriert hatte, war ich durch diese Frage einigermassen überrascht. Bevor ich antworten konnte, fuhr Dr. Menninger weiter: «Nichts heilt die Menschen rascher als die Reue. Sie sind Sünder, und sie wissen es. Sie sind für ihre Schuld verantwortlich. Sie werden erst gesund, wenn sie vor Gott bekennen und bereuen.»

Einige Menschen haben Angst, vor Gott ihre Sünden zu bekennen. Sie sehen Gott als ein rachsüchtiges, furchterregendes Wesen.

George Bernard Shaw wurde einmal gefragt: «Wenn Sie Gott wären und Noah Befehle erteilen könnten, wen würden Sie auswählen und auf die Arche aufnehmen?» Die Antwort des zynischen Schriftstellers war: «Ich würde sie alle ertrinken lassen.» Martin Luther schrieb: «Wenn ich Gott wäre und die Welt mich so behandelte, wie sie Gott behandelt hat, so hätte ich das Ganze schon längst in Stücke geschlagen.» Ich habe den Eindruck, dass viele Menschen auf dieser Welt insgeheim glauben, dass Gott so vorgeht, wie es Shaw und Luther ausdrücken. Kein Wunder, dass sie nicht reuevoll zu ihm hingehen.

«Gospel» - das englische Wort für «Evangelium, Lehre» - bedeutet gute Nachricht. Die Lehre Jesu ist die gute Nachricht, dass Gott nicht von der Art ist, wie Luther und Shaw ihn sehen, sondern vielmehr als Widerschein der Worte und Taten Jesu Christi zu betrachten ist.

Christus bezeugte eine so grosse nicht richtende Liebe, dass die Menschen in Scharen zu ihm kamen und für ihre Sünden Vergebung suchten und erhielten. Er sah selbst im schlechtesten Menschen noch das Gute. Er wollte in ihnen das Beste erwecken. Wie? Indem er ihnen half, von der Schuld erlöst zu werden, die ihr negatives Eigenbild dauernd verstärkte.

Gottes Vergebung ist umfassend und schliesst alles ein. Bitten wir ihn um Erlösung, und selbst die Erinnerung an unsere Sünden wird wie ausgelöscht sein. «So weit der Osten vom Westen ist, so weit hat er unsere Sünden von uns genommen.»

Die Christen glauben, dass wir - wenn wir den Glauben haben, das heisst zu Gott kommen und darauf vertrauen, von ihm Vergebung zu erhalten - tatsächlich von ihm Vergebung bekommen! Dann werden wir den Frieden erfahren - den Frieden, «losgesprochen» zu sein; denn Gott wird uns behandeln,

- «Wie-wenn-ich» nie gesündigt hätte.
- «Wie-wenn-ich» nie etwas Falsches getan hätte.
- «Wie-wenn-ich» mich nie schuldig gefühlt hätte.

Wenn dies geschieht, haben wir mit Gott Friede geschlossen! Wir spüren den Mantel der geistigen Ruhe, der sich um uns legt und eine Ruhe verleiht, die schlicht und einfach unbeschreiblich ist.

Die hübsche 26jährige Frau zitterte, als sie mir in meinem Beratungsbüro gegenüber sass. Sie kämpfte mit sich, um die Fassung wieder zu erlangen, damit sie mir ihr Problem vorlegen konnte.

«Ich bin verheiratet», erzählte sie, «und habe einen dreijährigen Sohn. Vor einigen Monaten merkte ich, dass ich wieder schwanger war. Ich war nicht allzu glücklich darüber. ‹Lass es abtreiben›, sagte meine Mutter. Und auch mein Mann sagte: ‹Lass es abtreiben.› Und somit tat ich es. Gleich dort.» Sie zeigte dabei auf das Bezirkskrankenhaus, das eine gute halbe Meile entfernt lag.

Sie fuhr mit ihrer Erzählung fort, zitterte aber dabei am ganzen Körper; die Tränen liefen ihr nur so die Wangen herunter, so sehr war sie von Schuld- und Schamgefühlen erfüllt. «Ich bin überzeugt, dass ich ein wunderbares, keimendes Leben getötet habe, und dieses Gefühl macht mich wahnsinnig. Es hätte ein hübsches kleines Mädchen geben können.»

Ich stand auf, nahm die junge Frau bei der Hand und führte sie zu meinem Christus. Ich teilte ihr die Worte mit, die Jesus am Kreuz gesprochen hatte: «Vater, vergib ihnen; denn sie wissen nicht, was sie tun!»

Dann sagte ich ihr: «Er kann Sie retten. Er kann Ihnen vergeben. Sein Kreuz beweist, dass er jede Sünde vergeben kann und will.» Sie nahm darauf Jesus Christus als ihren persönlichen Erretter an. Ihr Gesichtsausdruck verwandelte sich auf wunderbare Weise von innerer Aufruhr und Qual zu grosser Ruhe. Auch ihr Körper war jetzt entspannt.

Machen Sie das jetzt. Sagen Sie dieses Gebet: «O Vater, auch ich brauche Vergebung. Vergib mir und mache mich frei in deiner rettenden Liebe. Jesus Christus, ich glaube, dass du der vergebende Gott bist. Ich weiss, dass du mich gerettet hast. Du liebst mich. Ich bin durch den Glauben erlöst. Durch Jesus Christus habe ich mit Gott Frieden. Amen.»

Wenn die Schuld uns verlässt, verlässt uns auch die Scham. Sobald uns vergeben wurde, kehrt ein Gefühl von Stolz zurück. Wir leiden nicht mehr darunter, dass wir uns selber verstossen. Wir erfahren, was es bedeutet, sich selber anzunehmen. Wenn Gott uns vergibt, erhebt er uns zu sich – wir werden jemand.

Der Mensch, der «errettet», «wiedergeboren» oder «bekehrt» ist, ist stolz darauf, mit Christus zu gehen. Wir schauen mit Bewunderung und Liebe zu ihm auf. Durch unser Unbewusstes suchen wir ihm in unserem täglichen Leben nachzueifern. Indem wir uns mit ihm identifizieren, entwickeln wir ein neues Eigenbild.

Es gibt die Legende von jenem Mann, der wegen der schlechten Haltung, die er zeit seines Lebens gehabt hatte, gebückt und krumm geworden war. Er ging zu einem Bildhauer und bat ihn, von ihm eine Statue in perfekter gerader Haltung, geraden Schultern und erhobenem Kopf anzufertigen – genau so, wie er in der Blütezeit seines Lebens ausgesehen hatte.

Als seine Statue fertig war, versteckte er sie in einer verlassenen Ecke seines mit Bäumen bewachsenen Gartens. Jeden Tag ging er für ein paar Minuten dorthin und betrachtete sich, wie er einst gewesen war. Ohne dass er es merkte, richtete er sich auf, als er die Statue anschaute.

Die Zeit verging, und allmählich fiel seinen Freunden auf, dass er aufrechter stand und seine jugendliche Haltung wiedergewann. Eines Tages beschloss seine Enkelin, die ihn durch den Garten gehen sah, ihm zu folgen. In jener geheimen

Ecke erschauerte sie beim Anblick von vermeintlich zwei Grossvätern.

Der eine glänzte in der Sonne wie ein goldener Gott, der gross und aufrecht dastand, und der andere daneben war eine eher gebeugt dastehende Kopie des ersten. Dann sah sie, wie ihr wirklicher Grossvater sich immer mehr aufrichtete. Die Enkelin rief aus: «Grosspapa, jetzt bist du so aufrecht wie der andere Grossvater!»

Er war wie sein Ebenbild geworden, das er sich geschaffen hatte.

Wenn Sie sich vor Ihrem geistigen Auge so sehen, wie Sie sein möchten, so, wie Gott Sie haben möchte, können Sie so werden. Stellen Sie sich - im geistigen Sinne - gross und stark vor, und Sie haben ein Vor-Bild, dem Sie nachstreben können. Sie werden sich lieben wie nie zuvor. Eigenliebe, die in einer Beziehung zu Gott wurzelt, ist die allerwichtigste Vorbedingung für die Befreiung von Spannungen in unserem Leben, dank der wir jene innere Ruhe erhalten, die uns die Kraft für ein erfülltes, glückliches Leben verleiht.

Hier ist ein Gebet, das uns hilft, diesen Zustand zu erreichen:

Christus, ich weiss, dass du in mir leben möchtest. Ich möchte wie du werden. Ich will die Menschen lieben, wie du sie liebst. Ich öffne meine Augen, um dich zu sehen, um wie du zu werden, ich öffne mein Herz, damit du die Menschen durch mich lieben kannst. Ich liebe mich, jetzt wo ich deine Liebe durch mich hindurchfliessen spüre. Amen.

Sie sind jetzt bereit, von der Spannung der Bedeutungslosigkeit befreit zu werden.

Setzen Sie sich ein Ziel - geben Sie Ihrem Ziel einen Sinn

Was ist Ihr Lebensziel? Haben Sie Ihrem Leben einen Sinn gegeben?

Als erlöster Mensch, dem vergeben worden ist, der ein gesundes Selbstwertgefühl hat und von Christus geleitet wird, kann jeder zu einem gesunden, hilfreichen Menschen werden. Unsichere Menschen ergehen sich in Eitelkeit, um ihr unsicheres, wackeliges Selbstwertgefühl zu nähren.

Eine alte chinesische Parabel erzählt von einem Kaiser, der so unsicher war, so wenig Selbstvertrauen hatte und so sehr von Spannungen geplagt wurde, dass er sich ständig in seinem Palast verborgen hielt. Im Versuch, sein Selbstvertrauen zu stärken, stand er jeweils vor einen riesigen Spiegel und besah sich darin. Auf diese Weise wollte er sich vergewissern, dass er ein grosser Herrscher war. Sein einziges Lebensziel schien darin zu bestehen, sich selbst durch seine eigene Bedeutung zu beeindrucken. Während er sich nur für sich selbst interessierte, wurde sein Volk von Beamten betrogen, die den Boden der Untertanen beschlagnahmten. In allergrösste Armut gebracht, lebten die Menschen in Hunger und Elend.

Ein weises Mitglied der Palastbewohner, das erkannte, dass der Kaiser etwas unternehmen musste, heckte einen Plan aus. Eines Nachts entfernte der Hofdiener den Spiegel. An seine Stelle schlug er eine Öffnung in die Mauer; das so entstandene Fenster hatte die gleiche Grösse und die gleiche Form wie vorher der Spiegel. Als der Kaiser sich am nächsten Morgen erhob, begab er sich, wie es seine Gewohnheit war, vor den Spiegel, um sich darin zu besehen. Diesmal sah er darin aber nicht sich selbst, sondern seine Untertanen in der untenliegenden Strasse; er sah, wie sie in ihrem Elend zusammengekauert herumsassen. Er sah, wie Frauen mühselig Lasten auf dem Rücken schleppten. Er sah, wie hungernde Kinder herumkrochen und Nahrungsreste suchten. Er sah müde alte Männer und junge Leute in Lumpen und Fetzen gehüllt. «Was ist meinem armen Volk geschehen?» rief er aus.

Sein ihm ergebener Freund, der sich den Plan ausgedacht hatte, erklärte ihm, was in seinem Lande vorging. Sich selbst völlig vergessend, ging der Kaiser unter sein Volk. Von diesem Zeitpunkt an interessierte er sich persönlich für seine Unterta-

nen und kümmerte sich auch um sie. Der Wohlstand kehrte wieder ins Land zurück, und das Volk war wieder zufrieden, und die Hungersnot war vorbei.
Genau das tut Christus Ihnen - und mir. Er verwandelt den Spiegel in unserem Leben in ein Fenster zur Welt hinaus. Er bewirkt, dass wir uns selbst vergessen und uns um die Menschen und ihre Probleme kümmern. Darauf gibt er uns das Selbstvertrauen, das wir benötigen, um hinauszugehen und den Leidenden zu helfen. Er gibt uns ein Lebensziel; er gibt unserem Ziel einen Sinn.
Robert Louis Stevenson, der Autor der «Schatzinsel» und vieler anderer berühmter Bücher, erzählte immer wieder von einer Erinnerung aus seiner frühesten Kindheit. Am Abend sah er jeweils von seinem Zimmerfenster aus, wie der alte Laternenanzünder in Edinburgh beim Einnachten die Strasse herunterkam und eine Öllampe um die andere anzündete. Viele Jahre später sagte Stevenson: «Die beste Erinnerung an den Laternenanzünder war die: er liess sich immer ein Licht zurück.» Lassen auch wir hinter uns Lichter zurück? Führen wir andere Menschen zur Grösse? Was ist der schönste Anblick auf Erden? Konfuzius, der grösste chinesische Philosoph, sagte: «Der schönste Anblick auf Erden ist der eines kleinen Kindes, das zuversichtlich die Strasse hinuntergeht, nachdem du ihm den Weg gezeigt hast.» Wir können ein solcher Mensch werden, wenn wir von Christi Geist geleitet sind! Wir entdecken einen neuen Lebenssinn. Christus braucht uns, denn es gibt so viele Menschen, denen wir helfen müssen, die Grundwerte des Lebens zu entdecken. Und jeder kann helfen. Die grösste Freude auf.Erden kann daher rühren, einem verlorenen Menschen den richtigen Weg gezeigt zu haben.
Wenn mich Menschen fragen, wo ich meinen Lebenssinn gefunden habe, dann weise ich auf Christus und sage: «Er hat mir vergeben; er hat mich stolz gemacht; er hat mir ein Lebensziel gegeben.»

Spüren Sie die Gegenwart Gottes in Ihrem Leben? Ich spüre sie. Und sie befreit mich von Spannungen und gibt mir heitere Gelassenheit und innere Ruhe. Ich weiss, dass mich ein göttliches Geschick auf meinem Weg leitet, von Stunde zu Stunde, von Tag zu Tag einer unbekannten Zukunft entgegen. ich habe die Zuversicht, dass mich jemand führt und meine Zukunft gestaltet.

Dies wird auch Ihnen so ergehen, wenn Sie aus tiefster Überzeugung dieses Gebet der heiteren Ruhe sagen:

> Christus, herrlicher Erlöser,
> Vergib mir.
> Gib mir wieder meinen Stolz.
> Lass mich in deinem Geiste sinnvoll leben,
> damit ich verlorenen Menschen
> den richtigen Weg zeigen kann
> und auf meinem Weg
> Lichter hinter mir zurücklasse,
> wohin ich immer gehe.
> Ich weiss,
> du wirst mich auf meinem Weg in die Zukunft
> nie verlassen.
> Amen.

Gehen Sie diesen dreifältigen Weg, und Sie werden ein neues Leben finden, ein Leben voller Zuversicht, Heiterkeit und innerer Ruhe.

Heisst das, dass Sie nie wieder Ärger und Kummer erleben? Wird Ihr erneuter Glaube an Gott bewirken, dass er Sie künftig vor aller Qual und Not schützt? Nein. Verweilen Sie in dieser friedlichen Zuversicht:

«Ich vertraue dabei ebendarauf, dass der, welcher in euch ein gutes Werk angefangen hat, es vollenden wird.» (Philipperbrief 1,6).

Im nächsten Kapitel lernen Sie einen starken Glauben für rauhe Zeiten entwickeln, dank dem Sie auch in den heikelsten und schwierigsten Situationen mit positivem Denken ruhig und ausgeglichen bleiben. Denn wenn Gott 1. Ihnen vergeben hat, 2. Ihnen Stolz verliehen hat und 3. Ihnen ein Lebensziel vorgezeigt hat, wird er 4. so für Sie sorgen, dass nichts geschehen kann, was nicht seine positiven Auswirkungen hat.

11. Innere Ruhe und Ausgeglichenheit durch positives Denken

Gehen Sie jetzt vorwärts, und entwickeln Sie eine Beziehung zu Gott, die Ihnen einen starken Glauben für rauhe Zeiten gibt.

Sie werden Erlebnisse haben, die Ihnen zweifelsfrei beweisen, dass es eine «grosse unsichtbare Hand» gibt, die uns in schwierigen Zeiten führt; dadurch werden Sie fähig, sonst Panik hervorrufenden Situationen mit erstaunlicher Ruhe gegenüberzutreten. Tief in Ihrem innersten Herzen wissen Sie, dass Gott die Dinge richtig lenkt: «Wir wissen aber, dass denen, die Gott lieben, alle Dinge zum Guten mitwirken.» (Römerbrief 8,28).

Mary Verghese hing ihrem Jungmädchen-Traum nach, Frauenärztin zu werden. Nach langer Zeit hatte sie schliesslich ihr Studium beendet und am Vellore-Medizin-College in Indien, ihrer Heimat, promoviert. Sie hatte es geschafft! Mit elf anderen frischgebackenen Ärzten, die ihren Abschluss feierten, stieg sie in einen Stationswagen, um zu einem Picknick zu fahren. Ein Unfall geschah. Beim Überholen eines Busses verlor der Fahrer die Herrschaft über den Wagen, der sich in der Folge dreimal überschlug. Mary kam fünf Tage später wieder zu Bewusstsein - der ganze untere Teil ihres Körpers war gelähmt. «O Gott, ich werde nie Neugeborene in meinen Händen fühlen», schluchzte sie, als sie alle ihre Träume zunichte gemacht sah. Doch dann, wie ein gnadenvolles Wunder Gottes, erinnerte sie sich an die Worte eines alten Kirchenliedes. Sie stammelte die Worte: «Nimm meine Hände und lass sie dir, Gott, geweiht sein.» Da trat Dr. Paul Brandt, einer der besten Chirurgen Indiens, in ihr Zimmer: «Mary, du könntest meine Chirurgie-Assistentin sein. Wir könnten eine Rampe einrichten, und du könntest von deinem Stuhl aus operieren.»

Das war vor vielen Jahren. Heute ist Dr. Mary Verghese eine

der geschicktesten und erfahrensten Chirurginnen auf dem Gebiet der Sehnentransplantation bei deformierten Händen von Leprakranken. Ihre zwei Hände sind zu den zehn Fingern Gottes geworden. Tausende von Menschen leben dank ihr glücklicher.
Sie selbst sagt: «Ich habe Gott gebeten, mir Beine zu geben, und er gab mir Flügel.»
«Aber wenn es doch einen allmächtigen, liebenden Gott gibt, warum verhindert er dann nicht alle Krankheit, alle Sünde und alles Leid?» Diese beklemmende Frage stellt sich seit eh und je jede Generation. Die Antwort ist deutlich. Gott hat es mit Wesen zu tun, die *Menschen* sind, und nicht mit Marionetten, und Menschen haben einen freien Willen. Die Freiheit zu wählen macht uns zu moralischen Geschöpfen. Nehmen wir an, wir könnten mit einem genetischen Prozess oder durch eine Skinnersche Konditionierung Menschen schaffen, die ohne Sünde und ohne Fehl sind. Wäre das schön? Wohl kaum. Wir hätten dann eine neue Spezies geschaffen. Das Ergebnis wären aber nicht Menschen. Das menschliche Wesen ist ein Mensch und nicht eine Marionette oder ein perfekter Computer. Als Menschen haben wir die Freiheit zu sündigen und die Freiheit, Fehler zu machen. Und im Grunde genommen ist es diese negative Möglichkeit, die der positiven Möglichkeit erst ihren Wert gibt. «Ja» ist bedeutungslos, wenn wir nicht die Freiheit haben, «Nein» zu sagen.
Der Glaube ist bedeutungslos und leer, wenn er nicht aus einem Herzen und aus einer Seele stammt, welche die Freiheit und die Wahl haben, nicht zu glauben! So versucht eine verantwortungsbewusste Religion nie zu belehren und ein Dogma einzutrichtern. Denn dies würde die Menschen nicht zu Gläubigen machen, sondern bloss zu faden Marionetten. Ihre durch Gehirnwäsche herbeigeführten «Glaubensbezeugungen» würden Gott nichts bedeuten. Eine grosse Religion belehrt nicht - sie lehrt; sie indoktriniert nicht - sie erzieht. Es ist deshalb unmöglich (und ich brauche dieses Wort nicht

leichthin!), einen wahrhaft ganz liebenden Menschen zu schaffen, wenn er nicht die Fähigkeit und die Freiheit hat, seine Wahl zu treffen und nicht zu lieben. Als Gott den *Homo sapiens* schuf, hatte auch er *die Freiheit zu wählen*. Sollte er ein perfektes Wesen schaffen, das zur Sünde nicht fähig ist? Dies hätte bedeutet, dass ein solches Wesen unfähig wäre zu entscheiden, das heisst unfähig zu lieben. Denn lieben heisst entscheiden, und lieben heisst wählen. Gott beschloss daher, ein Wesen «nach seinem Bilde» zu schaffen, das heisst Menschen, welche die Freiheit haben zu wählen, ob sie lieben oder nicht lieben wollen, ob sie die geistigen Gesetze befolgen oder nicht befolgen wollen, ob sie an Gott glauben oder nicht glauben wollen!

Wir kennen alle das Resultat. Der erste Mensch - Adam - lehnte sich auf (er traf die Wahl, seine Sache selbst in die Hand zu nehmen, um sich selbst zu beweisen, dass er nach seinem eigenen Recht ein grosser Mensch sei), und die ganze menschliche Tragödie begann dadurch. Und wie konnte Gott die Situation retten, ohne das Menschengeschlecht zu vernichten? Erneut Menschen zu schaffen, die diesmal aber ohne Fehl und Tadel wären, hätte bedeutet, wunderschöne Roboter herzustellen. «Ja, mein Gott, ich liebe dich.» - «Ja, mein Gott, ich will dir gehorchen.» - «Ja, mein Gott, ich liebe dich.» Bei einer perfekten Aufnahme und Wiedergabe dieser Worte ab Tonband würde zwar nie ein Fehler vorkommen, aber die «Liebe» wäre dermassen bedeutungsleer, dass es im Grunde genommen gar keine Liebe wäre. Gott hätte eine Spezies ersetzt (also zerstört), nicht aber gerettet. Gott entschloss sich daher, zu retten, nicht zu ruinieren.

Die einzige Möglichkeit, die er dabei hatte, war die, in die Situation einzutreten und dem Menschen die Freiheit zu geben, Fehler zu machen, Misserfolg zu haben, zu sündigen und seinem Unglauben nachzugehen. Darauf konnte Gott seine rettende Liebe anbieten und so den Menschen helfen, ihrem unglücklichen Leben eine Wende zu geben.

Er gab uns genügend Freiheit, damit wir Menschen bleiben können, behielt sich aber doch eine genügend grosse Kontrolle vor, damit wir nie in derart unmögliche Situationen geraten, aus denen wir nicht mehr gerettet werden könnten!
Hierin liegt die Grundlage eines reifen Glaubens, der uns befähigt, angesichts eines Panik verursachenden Ereignisses Ruhe zu bewahren! In einer solchen Situation nutzen wir dann auch das positive Denken, um in Zeiten der Bedrohung und Gefahr im Gleichgewicht zu bleiben. Die grössten Kapazitäten auf dem Gebiete der Religionswissenschaften bezeugen einhellig Gottes wunderbare Art, zu obsiegen, wenn wir in Schwierigkeiten sind, und uns die Möglichkeit zu geben, aus unseren Problemen Nutzen zu ziehen. Ein grosser gläubiger Mann aus dem Alten Testament sagt: «Der du in Drangsal mir Raum geschafft» (Psalm 4,2). Halten wie in dunklen Zeiten nach positiven Möglichkeiten Ausschau, und innere Ruhe wird uns erfüllen!
Aus eigener Erfahrung weiss ich, wie einem in der Panik zumute ist; ich weiss aber auch, wie man dieses Panikgefühl in ein starkes Gefühl des Gleichgewichts und der Gleichmut umwandelt.
Ich hatte soeben das Seminar beendet. Ich promovierte in der einen Woche und legte meine Schlussprüfungen gleich die Woche darauf ab. Wieder eine Woche später war ich verheiratet und unterwegs zu meiner ersten Kirchgemeinde in einem Vorort von Chicago. Ich hatte keine Ahnung, worauf ich mich da einliess. Es war eine winzige Gemeinde, bestehend aus etwa 40 Mitgliedern, die in zwei Parteien aufgespaltet waren, wobei jede die andere mit Argwohn und Misstrauen bedachte. Beide Teile versuchten, mich für ihre Zwecke einzuspannen. Für einen unerfahrenen jungen Mann war dies ein überaus heikles Problem. Zu allem Überdruss hatte die Kirche auch noch Geldnöte. Und über Geld konnte ich mit den Gemeindegliedern nicht sprechen. Es wurde mir bewusst, dass der empfindlichste Nerv im menschlichen Körper derjenige ist, der zum

Geldbeutel führt. Jemand hat einmal gesagt: «Geld spricht, aber es beendet auch manches Gespräch.»
Eine Nacht lang wälzte ich mich schlaflos hin und her und machte mir um die Kirche Sorgen. Nacht für Nacht hatte ich Schlafstörungen. Schliesslich fürchtete ich mich jeweils vor der kommenden Nacht, weil ich Angst hatte, wieder nicht schlafen zu können. Dann stellte ich mir vor, dass ich einen Zusammenbruch erleiden würde, wenn ich nicht mehr schlafen könnte. Was geschah? Gerade im kritischsten Augenblick brachte eine bekannte Zeitschrift in ihrer neuesten Nummer die fettgedruckte Überschrift: «Warum Pfarrer zusammenbrechen.» Jene Nacht erfuhr ich, was Panik heisst - unvermittelt Schweissausbrüche - der Anfang der Hysterie. «So ist das nun, Schuller, jetzt schnappst du über. Gleich hast du einen Nervenzusammenbruch.» Ich betete verzweifelt. Gott liess mir den Bibelvers in den Sinn kommen: «Alle Dinge wenden sich zum Guten für jene, die Gott lieben.»
Auch mein nächster Gedanke war ein positiver Gedanke: «Vielleicht will Gott mich durch dieses Erlebnis etwas lehren. Wenn Gott mir einen Fortbildungsunterricht im Verstehen menschlicher Probleme geben will, indem er mich direkt zu einem Erlebnis und einem Zusammenbruch hinführt - nun, in diesem Falle wird der Zusammenbruch ein Aufbruch sein! Fürchte oder bekämpfe ihn nicht; wenn er kommt, dann geniesse ihn», sagte die innere Stimme. Von jenem Augenblick an suchte ich in allen heiklen Situationen nur noch grosse positive Möglichkeiten, mit der Folge, dass Ausgeglichenheit an die Stelle der Panik trat. Seither habe ich erkannt, dass dieses Gefühl des inneren Gleichgewichts die wahre Kraft und Gegenwart Gottes in mir ist.
Glauben Sie, dass Gott Ihnen nichts geschehen lässt, ohne dass aus der sogenannten Schwierigkeit etwas Gutes herauskommt! Wie kommt man aber zu diesem festen Glauben? Indem man sich im positiven Denken übt.

Gott befreit uns aus der Not. In Gottes weiser, liebender Vorsehung sind die Schwierigkeiten im Leben oftmals befreiende Erfahrungen. Sie glaubte, die Welt würde untergehen, als ihr Mann starb, bis sie sich im positiven Denken übte. Dann sagte sie zu mir: «Ich bin befreit worden. Natürlich habe ich ihn geliebt. Aber jetzt bin ich frei und kann meinen Interessen nachgehen. Wissen Sie, er war das einzige, womit ich mich befasste. Jetzt nehme ich wieder Gesangsunterricht und fahre mit dem Cellostudium fort.» Der Adler rüttelt an seinem Nest, damit die Jungen fliegen lernen!
Wenn die Nacht hereinbricht, beginnen die Sterne zu leuchten. Gott lässt nie zu, dass wir an etwas leiden, ohne uns dafür an etwas zu erfreuen. In einer Geschichte von Ian MacLean kommt ein blindes Mädchen vor, das sagt: «Ich kann nichts sehen, aber es gibt bei uns niemanden, der wie ich hört. Es gibt keine Schritte, die auf die Tür zukommen - meine Ohren sagen mir seinen Namen. Die Vögel singen für mich schöner als für die anderen, und ich kann sie in den Büschen zwitschern hören, bevor sie schlafen gehen. Und die Blumen duften für mich süsser - die Rosen und die Nelken und die schöne Moosrose. Nein, nein, denkt bloss nicht, Gott habe mich benachteiligt, denn wenn er mir auch etwas nicht gegeben hat, so gibt es doch viele herrliche Dinge, die er mir getan hat.»

Gott lehrt uns in der Not. In einem seiner Bücher schrieb Rabbi Edgar F. Magnin: «Kürzlich besuchte ich im Krankenhaus eine intelligente und erfolgreiche junge Geschäftsfrau, die eine Augenoperation hinter sich hatte. Ich dachte mir, dass sie eher eine unbequeme Patientin wäre, denn sie war sehr vital und des Müssiggangs nicht gewohnt. Die Krankenschwester bat mich, noch einige Minuten zu warten, bevor ich in ihr Zimmer gehen würde. ‹Sie hat einen Besucher›, sagte sie mit einem seltsamen Lächeln und ganz besonderer Betonung. Aber niemand kam aus dem Zimmer, als die Schwester die Tür öffnete und mich ankündigte. ‹Sie hätten nicht zu warten brauchen›, sagte die Patientin mit freundlich-erregter Stimme, die mir zeigte, dass ich ihr willkommen war - einer Stimme, die in eigenartigem Kontrast zu ihren bandagierten Augen war. ‹Ich will aber nicht, dass Telephonanrufe meine Besucher stören. Walter Winchell war eben hier.› - ‹Walter Winchell? Ich habe ihn nicht gesehen. Kennt er Sie denn?› fragte ich. Sie zeigte lachend auf ihr Radiogerät. ‹Heute morgen waren zwei Senatoren hier und diskutierten für mich über Aussenpolitik. Etwas später besprachen zwei Gelehrte die Werke von Proust. Dann hörte ich ein ganzes Konzert der New Yorker Philharmoniker. Wirklich, Rabbi, es war ein wundervoller Tag! Freunde haben mir Blumen gebracht, duften sie nicht herrlich? Und jetzt sind Sie gekommen. Ich glaube allmählich, Operationen sind etwas Wundervolles!›»

Gott erleuchtet uns in der Not. Gott lässt uns nichts geschehen, was er nicht in einen Vorteil umwandeln könnte. Verwenden wir das positive Denken, um uns klar zu werden, dass Gott unser Problem dazu benützt, unseren Weg oder unseren Geist zu erleuchten. Viktor Frankl kam auf dem Gebiete der Psychiatrie zu tiefen Einsichten, die er später in der Logotherapie aufnahm. Diese Einsichten kamen ihm während seiner Erlebnisse in den Konzentrationslagern. John Bunyan schrieb sein Buch «Pilgrim's Progress» im Gefängnis. Die Kirchgemeinde, in der ich arbeite, hätte sich nie so sehr entwickelt, wenn Rosie Greay nicht gewesen wäre, eine gelähmte Frau, die nur in ihrem Wagen zur Kirche fahren konnte. Als Folge davon drängte sie uns, die «Walk-in- und Drive-in-Kirche» zu bauen, in der nun Woche für Woche achttausend Menschen Gottesdienste besuchen können.
Allzu viele Menschen halten nie inne, um Gottes Stimme zu hören; sie tun es erst, wenn sie eine Leidenszeit durchzustehen haben. Wenn Leiden uns zu Gott führt, ist es dann nicht ein Segen? Mancher Vater und manche Mutter ist durch den Tod eines Kindes bekehrt woden. «Und was hilft es dem Kind?»

fragt der Zyniker. Ich lasse Jesus Christus die Antwort geben. «Wenn das Weizenkorn nicht in die Erde fällt und stirbt, bleibt es allein; wenn es aber stirbt, bringt es viel Frucht.» - «Wer in mir lebt und an mich glaubt, wird nie sterben.» Es gibt keine Geburt ohne Wehen. Es gibt keinen Eingang ins ewige Leben ausser durch das Erlebnis der Geburt, das die Welt Tod nennt.

Sehen Sie sich einem Problem oder einer Schwierigkeit gegenüber? Gott macht sich bereit, um Ihren Weg zu erleuchten oder um Sie für ein Leben zu befähigen, in dem Sie noch mehr helfen können. «Zum Dienste der Nächstenliebe sind nur gebrochene Herzen fähig.»

Als das christliche System eingeführt .wurde, sagte ein alter Römer: «Dieses System kann nicht funktionieren, weil es auf einem Kreuz beruht, auf dem Tod seines Führers, auf einer Katastrophe; es kann nicht funktionieren.» Und doch wissen wir, dass es gerade deswegen funktioniert.

Gott motiviert uns in der Not. In Südamerika ist eine Blume entdeckt worden, die nur blüht, wenn der Wind bläst. Sie gehört zu den Kakteen; sobald der Wind bläst, brechen wunderschöne Blumen aus den kleinen Knollen an den Stielen hervor. Im Leid bezeugen wir unsere grösste Liebe.

Wie ich bereits gesagt habe, war der verstorbene Reverend Dr. Daniel A. Poling, der Vorgänger von Dr. Norman Vincent Peale an der Marble-Collegiate-Church in New York, einer der grössten Männer dieses Jahrhunderts. Eine meiner Lebensfreuden ist die Erinnerung an die Freundschaft, die mich mit Dr. Poling verband.

Er erzählte mir die Geschichte, wie Gott ihn durch ein niederschmetterndes Erlebnis dazu motivierte, sein Leben der erhabenen Liebe zu widmen: «Ich war als junger Mann in Frankreich bei den amerikanischen Streitkräften. Manchem sterbenden Amerikaner stand ich mit meinem Gebete bei. Für einige Zeit hatte ich Urlaub und war in Oregon, als man mich nach

Hause rief. Mein jüngerer Bruder war schwer krank. Als ich ihn an Typhus auf den Tod erkrankt daliegen sah, wusste ich, was zu tun war. Jene Nacht verbrachte ich in einem Zimmer neben dem meines Bruders; die Wand, welche die beiden Räume trennte, war so dünn, dass ich seinen kurzen, abgehackten Atem hören konnte. Ich kniete nieder und bat Gott, seine unfehlbare Verheissung wahrzumachen. Mit grosser Zuversicht begann ich zu beten. Aber aus irgendwelchen Gründen fruchteten meine Gebete nichts. Sie verhiessen mir nichts, sie gaben mir keinen Frieden. Mir war, als stünde ich vor einem Eisentor, das sich nicht öffnen wollte. Ich disputierte mit Gott. Ich flehte ihn an. Allmählich kam eine Hoffnungslosigkeit über mich, dann Enttäuschung, dann Zorn und schliesslich Verzweiflung. Mehr als alles in der Welt wollte ich, dass mein Bruder lebte! Ich liebte ihn sehr. Ich erinnerte mich, wie er, als er die Grossbuchstaben schreiben gelernt hatte, eines Abends, als ich lernte, auf meinen Schoss kletterte. Er störte mich nicht. Als ich weiterlas, mühte er sich damit ab, über sein Bild in grossen Lettern seinen Namen zu schreiben: RUDOLPH! Darauf rutschte er von meinem Schoss herunter und liess mir sein Bild mit seinem eigenhändig geschriebenen Namen auf dem Pult zurück.

Jetzt rang er um Luft. Er sollte um alles in der Welt leben. Für ihn hätte ich noch so gerne mein eigenes Leben Gott hingegeben. Ich betete, spürte aber nicht das geringste Anzeichen, dass meine Bitten erhört würden. Ich verliess das Haus, ging dem Ufer des kleinen Flusses entlang, ging über die Brücke ins Land hinein. Ich war allein wie noch nie zuvor. Völlig erschöpft kehrte ich in mein Zimmer zurück und betete erneut. Der Atem jenseits der Wand war anders geworden; er war keuchend und rasend wie bei einem galoppierenden Pferd! Ich konnte nicht mehr beten. Ich schlief ein. Stunden vergingen. Der neue Tag begann. Ich öffnete meine Augen. Ich horchte – kein Atmen mehr. Ich wusste, dass Gott auf mein Gebet geantwortet hatte. Seine Antwort lautete: Nein.

Nun geschah das eigentliche Wunder. Ich war zufrieden, dass Gott keinen Fehler gemacht hatte! Erstaunliche Ruhe erfasste mich. Es revoltierte nicht in mir, ich empfand keine Bitterkeit, wohl aber eine Kraft, die ich zuvor nicht gekannt hatte und von der ich spürte, dass sie mich nie wieder verlassen würde. ‹O mein Gott, lass mich aus meinem Leben etwas Grosses machen. Lass es mich nicht einfach vergeuden›, betete ich. Heute weiss ich, dass Rudolphs Tod Friede und Kraft gebracht hat. Ich bin heute ein besserer Mensch.»

Niemand versteht dieses positive Denken angesichts von Schwierigkeiten besser als Jesus Christus.

«Wenn ich auferstanden bin, werde ich alle Menschen zu mir nehmen», sagte er. Mit diesen Worten wies er auf seinen Tod hin, der am Kreuz erfolgen sollte. Als er seinen letzten Tag kommen sah, war er ruhig und gleichmütig. Vor Pilatus und Herodes und während all der Stunden der öffentlichen Demütigung blieb er ruhig. «Hast du nichts zu sagen?» fragte ihn Pilatus. Christus wusste, dass das Kreuz für ihn die beste Gelegenheit war, der Menschheit Gottes unendliche vergebende Liebe zu beweisen. «Vater, vergib ihnen ...», rief er.

Das geschah am Karfreitag.

Dann kam Ostern!

Lasst Gott siegen. Lassen Sie Ihre Nöte und Ängste gehen, und lassen Sie Gott in Ihrem Leben siegen. Ihre Zukunft wird hoffnungsvoll sein. Fehlt es Ihnen heute an Hoffnung? So überantworten Sie Gott Ihr Leben!

«Es gibt keine hoffnungslosen Situationen, sondern nur hoffnungslose Leute, Menschen, deren Denken keine Hoffnung kennt», schrieb Albert Cliffe.

Unter den vielen Briefen, die ich erhalte, war auch dieser wahre, erregende Bericht. Ich habe nur den Namen geändert.

«Zwei Wochen vor Weihnachten war ich derart deprimiert, dass ich mir das Leben zu nehmen versuchte. Mein Versuch misslang. Der Arzt und mein Mann brachten mich zu einem Psychiater, aber dieser konnte mir weder mit Hypnose noch im Gespräch helfen. Vor den Schockbehandlungen, die er empfahl, fürchtete ich mich. Dann, an einem Januar-Sonntag, rief mich eine Freundin an; ich musste ihr versprechen, ihr den Gefallen zu tun und das Fernsehgerät einzuschalten und mir Ihre Sendung anzusehen. Ich machte das. Es war wundervoll! Es war, als spreche ein Freund zu mir, den ich zeit meines Lebens kannte, und er gebe mir den hilfreichen Rat, dessen ich so dringend bedurfte. Ich beschloss, mich künftig von Gottes Hand leiten zu lassen und jeden Tag mit seiner und Ihrer Hilfe aufs beste zu leben.

Und das tat ich. Schon nach einer Woche begann ich, das Leben wieder zu geniessen. In jenen Wochen ging es mir so viel besser, dass ich dem Arzt mitteilte, ich bräuchte die Schockbehandlungen nicht mehr. Heute bin ich glücklicher, als ich es in den letzten Jahren je war, und ich bin sicher, dass ich nie wieder geistig krank sein werde.»

Verlieren Sie nie die Hoffnung. Geben Sie nie auf. Geben Sie Ihren Glauben nie auf.

Der Glaube – das Licht im Dunkeln

Das zweitälteste College Amerikas ist das William and Mary-College in Williamsburg, Virginia. Heute ist es eine der renommiertesten Institutionen höherer Bildung. 1881 aber hatten die weitreichenden Auswirkungen des Bürgerkrieges zu einer finanziellen Katastrophe geführt. In dieser Zeit der wirtschaftlichen Schwäche hatte William and Mary seine Pforten geschlossen. Sie wären für immer geschlossen geblieben, hätte es nicht Dr. Benjamin Ewell, den College-Präsidenten, mit seinem unerschütterlichen Glauben gegeben. Jeden Morgen stand er auf, schritt durch das Schulgelände und läutete die alte College-Glocke. Mehr konnte er nicht tun. Aber er sagte: «Ich glaube an morgen. Ich glaube an morgen.» Und eines Tages öffneten sich die Tore wieder!

Einer meiner Freunde, der erfahren hat, wie Gott dem Menschen in schwierigen Zeiten seine besondere Hilfe zuteil werden lässt, hat auf seinem Pult eine Tafel stehen, auf der es heisst: «Hallelujah – so oder so!»

Vertrauen Sie auf Gott und seine liebende Vorsehung.

Erwerben Sie Ausgeglichenheit und Gleichgewicht und erfahren Sie die innere Ruhe durch positives Denken.

12. Mit positivem Denken zum Erfolg

Jetzt können Sie Erfolg haben im Leben mit der durch positives Denken erworbenen inneren Ruhe – wenn es Ihnen damit wirklich ernst ist!
Als er nackt vor den Gestapo-Leuten stand, ging Viktor Frankl der folgende grosse positive Gedanke durch den Kopf: «Es gibt etwas, das ihr mir nicht nehmen könnt: meine Freiheit zu wählen, wie ich auf das, was ihr mir antut, reagiere.»
Wie immer gerade in diesem Augenblick Ihre Gefühle sind – Sie haben bis zu Ihrem letzten Atemzug die Freiheit zu wählen. Wählen Sie die innere Ruhe, und Sie entschliessen sich zu einem heiteren, erfolgreichen Leben.

Die Kraft, Erfolg zu haben, geht vom von innerer Ruhe getragenen Geiste aus

Der Ort? Der Anlass? Der Internationale Psychologie-Kongress. Die Veranstaltung? Ein Symposium über Verhaltensänderung. Der Vorsitzende spricht. «Als Psychologen wissen wir sehr viel über den Menschen, aber es ist uns immer noch nicht gelungen, ihn zu ändern. Sehen Sie sich um! Die Leute, die Sie kennen – und wahrscheinlich gehören Sie und ich auch dazu –, essen zuviel, rauchen zuviel, trinken zuviel, rackern sich ab und haben zuwenig Bewegung.»
Wie lautet die Antwort? Die Antwort besteht darin, die richtige Frage zu kennen. Und die richtige Frage lautet: Warum wählen Menschen absichtlich, wissentlich und willentlich den Misserfolg? Zum Teil wenigstens liegt die Ursache in einem tiefgreifenden Mangel an Vertrauen auf den eigenen Erfolg. Von Natur aus werden alle Menschen mit der tiefen Überzeugung, Misserfolg zu haben, geboren.
Die neuesten Forschungsergebnisse von Erik Erikson, dem hervorragenden Spezialisten auf dem Gebiete der Entwick-

lungspsychologie, sieht die Ursache in einem alten theologischen Lehrsatz. Nach der jüdisch-christlichen Theologie wird der Mensch «in Sünde empfangen und geboren». Was ist der Kern der Hauptsünde? Es ist der Mangel an Vertrauen, der zu einer Unsicherheit in den Beziehungen führt, eine Unsicherheit, die sich erst in der Verteidigung, dann in feindseligem Verhalten äussert und schliesslich entweder in aggressivem Konflikt oder im depressiven gefühlsmässigen Rückzug angesichts der Niederlage. Wenn einige Theologen gesagt haben, dass der Kern der Sünde die Auflehnung ist, so haben sie ihre Überlegungen allzu rasch abgeschlossen. Die eigentliche Frage ist die, warum Menschen sich gegen einen herrlichen Gott auflehnen. Die Antwort liegt im Misstrauen, das dem Menschen innewohnt: er hat Angst vor Misserfolg in seinen Beziehungen. Die Auflehnung, jene gespannte Reaktion eines unsicheren Menschen, ist somit ein Mechanismus, der in Bewegung gesetzt wird, um uns vor einer möglichen Beziehung zu schützen, die wir - irrigerweise - als bedrohliche Möglichkeit betrachten! Dadurch schiebt sich die Spannung wie ein Keil in die Kommunikation hinein! Und der Teufelskreis ist in Bewegung versetzt.

Erik Erikson hat nun nachgewiesen, dass das neugeborene Kind mit mangelndem Vertrauen zur Welt kommt. Nach Erikson umfasst die erste Entwicklungsstufe den Zeitraum zwischen Geburt und dem zwölften Lebensmonat. Dies ist die Stufe, in der das Kind voller Hoffnung Vertrauen erwirbt. Die Geburt war eine traumatische Erfahrung gewesen. Durch sanftes Streicheln, durch das Baden, durch - wenn immer möglich - das Stillen, durch weiche Klänge und Laute bekommt der neue Bürger unserer lauten, fremden Erde allmählich Vertrauen.

Die zweite Entwicklungsstufe dauert vom zwölften Lebensmonat bis zum vierundzwanzigsten; in dieser Zeit erwirbt das Kind Selbstvertrauen. Es kriecht nicht mehr bloss, sondern erhebt sich und steht am Stuhl. Es erlebt jetzt den aufregenden

Reiz der vertikalen Dimension! Es fühlt sich gross. Es ist jetzt herausgefordert, 1. seine Individualität, 2. die Wahl, 3. die Entscheidung und 4. Belohnungen für etwas Erreichtes wahrzunehmen. «Komm zu Papa, du kannst ja gehen, komm!» So lautet die Einführung ins eigene Selbst, die jeder Mensch erhält. Also versucht er es ... und es misslingt. Er versucht es wieder, teilweise gelingt es, teilweise nicht. Erneuter Versuch, und schliesslich lernt er es! Gefühlsmässig ist der Mensch dadurch vom Vertrauen zu einigem Selbstvertrauen gelangt. Und das ist etwas, das man sich selber aneignen muss – es kann einem nicht gelehrt werden.
Unglücklicherweise gelangt nun bei vielen Menschen das kindliche Selbstvertrauen, das sich zu entwickeln begonnen hat, nicht zu voller Blüte. Das tiefverwurzelte, dem Menschen eigene Vertrauensdefizit droht sich nun durch das Leben hindurch zu behaupten, indem es den heranwachsenden Menschen warnt: «Sei vorsichtig. Du könntest dir wehtun!» Das Selbstvertrauen, das – wenn es während der ganzen Kindheit, Jugend und auch im Erwachsenenalter erstarken soll – ständig genährt und gefördert werden muss, kann nur zu leicht durch eine geistige Einstellung, die nicht nach Neuem und Unbekanntem sucht, und durch entsprechende Erfahrungen zunichte gemacht, unterdrückt oder gar verringert werden. So kann die Angst vor dem Misserfolg sehr leicht zur ‹idée fixe› werden, die wiederum fest und unverrückbar wie eine Betonstatue zu einem Lebensmodell oder zu einer Lebensvorstellung werden kann. So kann die Angst vor dem Misserfolg, die von mangelndem Selbstvertrauen herrührt, zum Wunsch nach Misserfolg werden: «Wenn ich es nicht versuche, kann es auch nicht schiefgehen. Somit werde ich es schaffen! Wenn man also Erfolg haben will, darf man es nicht einmal versuchen!»
Dieses Gefühlsdurcheinander nennen wir negatives Eigenbild. Und dieses negative Eigenbild ist eigentlich das grösste gefühlsmässige Durcheinander, das die Menschen auf der ganzen Welt in ein Netz von geistigen Haltungen und Einstel-

lungen verstrickt, die durchwegs Misserfolge bewirken. Somit haben wir Misserfolg, weil wir den Misserfolg wählen. Wir wählen den Misserfolg, weil wir keinen Misserfolg haben wollen. Welch gewaltiges Durcheinander! Aber genau so ist es. Und vielleicht trifft es auch für Sie zu!
Wer kennt das Mittel, mit dem das grosse Vertrauensdefizit beseitigt werden kann, das uns mit düsteren Prophezeiungen und mit üblen Vorzeichen des Misserfolgs plagt und peinigt?

Ihr positiver religiöser Glaube wird jetzt wachsen und in Ihnen ein Selbstvertrauen wachrufen, das Ihr Leben verändert

Ich werde mich noch lange an den Abend erinnern, zu dem ich eingeladen war, als die Grössen Hollywoods Ethel Waters die Ehre erwiesen. Es war ein einmaliger Abend; doch das Faszinierendste am ganzen Abend war Ethel Waters selbst mit ihrer unnachahmlichen, offenen, ehrlichen, kristallklaren Art. Und wie sie den anwesenden Menschen einfach und schlicht erzählte, wie glücklich sie sei, weil Jesus in ihrem Herz sei! Ich folgte an jenem Abend den Darbietungen von Ethel Waters und sah sie auf der Leinwand, als Ausschnitte aus ihrem grossartigen Leben gezeigt wurden. Wir hörten ihr zu, wie sie sang und wie sie predigte - so wie nur Ethel Waters singen und predigen kann. Ich dachte bei mir: Wenn alle Psychiater, Psychologen und Philosophen der ganzen Welt die Menschen nennen müssten, die ihrer Ansicht nach seelisch am gesündesten sind, so wäre für mich völlig klar, wer gewinnen würde: Ethel Waters. Sie kann lachen, und sie kann weinen. Sie ist ein grossherziger Mensch, sie ist eine Seele von einem Menschen. Und sie lebt!
Weshalb lebt sie so? Der Psychologe würde sagen: «Nun, sie hatte eine glückliche Kindheit», bis er nachforschen und entdecken würde, dass ihre Mutter vergewaltigt worden war. Gott sei Dank konnte man in jenen Tagen nicht einfach so leicht abtreiben, sonst hätte ihre Mutter ihr Kind abtreiben lassen,

sobald sie merkte, dass eine Schwangerschaft die Folge der Vergewaltigung war. Wenn man weiss, dass sie ein uneheliches Kind war, das in einem Getto in Armut aufwuchs, so straft Ethel Waters Leben einige der grossen Bücher und Abhandlungen, die in den letzten fünfzig Jahren von Psychiatern und Psychologen verfasst wurden, Lügen. Nach aller Voraussicht und Regel müsste sie ein seelisch verhärmter und geistig geschädigter Mensch sein, der nur sehr beschränkte Möglichkeiten der Gefühlsentwicklung und -äusserung besitzt.
Analysiert Ethel Waters, und was findet ihr heraus? Die grösste Seele, die man auf dieser Erdenkugel antreffen kann. Wie lässt sich das erklären? Es gibt darauf keine Antwort, ausser dass ihr irgend etwas ein grosses, liebendes, überschäumendes, wundervolles Herz gegeben hat. Sie sagt, dass dieses Irgendetwas ein Jemand ist – sein Name ist Jesus!
Da sie als uneheliches Kind aufwuchs, in den Gassen des Gettos ihrer Stadt herumgeschubst wurde und im ganzen Leben kämpfen musste, genau deshalb hat sie das Lied «Stormy Weather» so gefühlvoll gesungen! Jemand bat sie, dieses Lied an jenem Abend zu singen. Sie erwiderte: «Nein, ich werde ‹Stormy Weather›, solange ich lebe, nicht mehr singen. Ich kann es nicht, ich kann es nicht! Ich kenne kein Sturmwetter mehr. Ich habe Friede in meinem Herzen, weil Jesus in mir lebt.»
Gott schuf den Menschen als Organismus, in dem Gott selbst leben könnte. Wir sind seelisch erst dann gesund und integer, wenn wir Gott kennen. Es gibt kein seelisches Problem, das Gott nicht lösen könnte. Wenn Gott in unser Leben tritt, zeigt er uns, wer wir sind! Und er führt uns rettend von der Selbstverurteilung zum Selbstvertrauen. Dann erfahren wir, dass wir Gottes Idee sind, und Gott hat nur wundervolle Ideen. Oder, um es mit Ethel Waters unvergänglichen Worten zu sagen: «Gott unterstützt keine Nieten!»

Sie werden jetzt beginnen, Ihre Möglichkeiten ins Auge zu fassen

Wenn Sie sich in Ihrer Beziehung zu Gott entspannen, kann er mit Ihnen in dem ruhigen Zentrum Ihres innersten Wesens sprechen. Er wird in Ihrer wiedergeborenen Vorstellungskraft erstaunliche Möglichkeiten wachrufen. Neue, erregende Gedanken und Ideen kommen Ihnen! Sie werden anfangen, an diese Gedanken und Ideen zu glauben und auf Ihre eigenen Möglichkeiten vertrauen!

Verwechseln Sie nicht den Menschen, der Sie sind, mit dem Menschen, der Sie waren, oder dem Menschen, der Sie sein werden

Sie waren ein unsicherer Mensch, der versucht hat, ohne Gottes Führung, Leitung, Weisheit, Kraft und Gegenwart durchs Leben zu kommen. In jenem Zustand waren Sie logischerweise verängstigt und hatten verständlicherweise ein mangelhaftes Selbstvertrauen. Wenn Zweifel an sich selbst wieder auftauchen sollten und Sie niederzudrücken drohen oder zurückhalten wollen, so lassen Sie sich nicht aus der Fassung bringen! Sie erinnern sich nämlich bloss an den Menschen, der Sie früher gewesen sind!

Heute sind Sie ein anderer Mensch. Sie sind die besondere Idee Gottes! Und die Welt wird noch sehen, was für grossartige Dinge Sie vollbringen und was für ein wundervoller Mensch Sie werden!

Je mehr Ihr Glaube zu Vertrauen wird, desto stärker wird Ihr Selbstbewusstsein

Ein gewaltiges Selbstvertrauen wird in Ihnen wachsen, sobald Sie Ihr Leben Gott überantworten und ihm vertrauen. Er wird

Ihnen ein grosses, neues, positives Eigenbild schenken. Auf ganz natürliche Weise werden Ihnen positive Ideen in den Sinn kommen. Die grösste Kraft auf dieser Welt ist eine positive Idee in einem selbstbewussten, gläubigen Menschen, der seinen Weg mit Gott geht und ihm vertraut. Die folgende Geschichte hörte ich, als ich als kleiner Junge zur Landkirche in Iowa ging; sie hat mich durch all die Jahre hindurch inspiriert. «Vertraue auf Gott und tue Gutes», war der Vers, den der Pfarrer eines Sonntags seiner Predigt zugrunde legte. «Es reicht nicht, einfach zu glauben», sagte er, «ihr müsst vertrauen. Und genau das ist der Unterschied. Solange ihr nicht lernt zu vertrauen, solange werdet ihr nie erreichen, was Gott von euch möchte.» Dann erzählte er die Geschichte: «Ein Akrobat spannte quer über die Niagara-Fälle ein Drahtseil und erklärte, dass er darauf hin und zurück gehen würde. Eine Riesenmenge hatte sich versammelt, um sich das Schauspiel anzusehen. Er begann, auf dem Seil zu gehen und schaffte es bis ans andere Ende. Die Menge applaudierte. Dann versuchte er zurückzukommen, und auch das gelang ihm. Wiederum grosser Applaus. Menschen, die zuvor gesagt hatten, dass dies unmöglich sei, glaubten nun, dass es möglich ist. Dann nahm er einen Schubkarren und fuhr diesen auf dem Seil hin und zurück. Mittlerweile glaubten nun alle an sein Können, auch die Spötter unter ihnen. Dann fragte er: ‹Bevor ich nun mit diesem Schubkarren nochmals gehe, möchte ich einen Freiwilligen. Wer will in diesem Schubkarren fahren?› Die Menschen, die noch kurz zuvor sein Können beklatscht und an ihn geglaubt hatten, wichen zurück! Nur ein kleines Mädchen trat vor und kletterte in den Schubkarren. Sie bewies VERTRAUEN. ‹Natürlich›, bemerkte jemand richtigerweise, ‹natürlich vertraut ihm das kleine Mädchen: er ist ihr Vater!›»
Vertrauen Sie Gott. Glauben Sie an sich selbst. Träumen Sie! Und vertrauen Sie Gott so sehr, dass Sie Ihre ganze Zukunft in seine Hände legen.

Sie haben auch schon sagen hören: «Ich muss es erst sehen,

damit ich es glauben kann!» Jetzt kennen Sie die Wahrheit. Sie lautet: «Ich muss es erst glauben, damit ich es sehen kann!»

Sie werden Ihre glaubensstärkende, Friede erzeugende Ruhezone errichten

«Gedenke des Sabbattages, dass du ihn heilig haltest» ist eines jener grossen zehn Gebote, die Sie befolgen, um Ihren Glauben zu stärken. Nichts ist in der heutigen Zeit wahrscheinlich wichtiger als dieses Wort Gottes. Wir können nicht erwarten, dass Gott zu uns spricht, solange wir nicht ruhig, still und entspannt sind. Nur die innere Ruhe führt zur Kommunikation! Wir können nicht nur im Garten Eden leben. Wir müssen mit Autobussen, Lastwagen, Beton und Asphalt leben. Die Lösung besteht aber darin, sowohl zeitlich wie räumlich Ruhezonen zu schaffen. Was die Zeit angeht, so müssen wir einen Tag in der Woche als einen wohlbehüteten Zeitraum von 24 Stunden gestalten, wo sich Herz, Geist und Seele vom täglichen Bombardiert-Werden mit spannungserzeugenden Anblicken, Geräuschen und Gerüchen zurückziehen können. Denken Sie an den Grundsatzrealismus von Neutra. Gott muss mit einem Geist kommunizieren können, der in einem biologischen Organismus ruht.

Diese wöchentliche Ruhezone muss ein 24stündiger Zeitraum zwischen zwei Sonnenuntergängen sein, so wie es bei vielen Juden Brauch ist. Wir in unserer Familie, die wir traditionelle Christen sind, beginnen den Sabbat mit dem Essen am Samstagabend. Während unserer ersten 25 Ehejahre liessen wir es praktisch nie zu, dass wir Eltern, die Kinder und die Familie als ganzes an einem Samstagabend ausgingen. Eine ruhige Mahlzeit. Ein ruhiges Heim. Eine ruhige Nacht. Familiengebete nach dem Essen am Samstagabend. Entspannendes Baden. Seele und Geist gehen an diesem einen Abend in der Woche zu Bett, indem sie sich zu entspannen beginnen, also

vorbereitet, zu erleben, wie sich diese durch den Geist bewirkte Entspannung während einer Nacht ruhigen Schlafes ausdehnt.
Am Morgen sind Seele und Geist dann auf den einzigartigsten Tag der Woche eingestimmt. Dieser Tag ist dem Gottesdienst und der Familie gewidmet, es ist ein Tag des Friedens, der Erholung und der Freude.
Wir kleiden uns auch anders: Wir tragen Kleider, die mit den höchsten Gefühlen der Selbstachtung und der Würde harmonieren.
Der Ort, wo wir hingehen, ist ebenfalls anders: Wir gehen ins Gotteshaus. Die Menschen, mit denen wir zusammentreffen, sind auch anders: Es sind Menschen, die Frieden, Liebe, Glauben und Hoffnung suchen. Jeder Klang, jeder Anblick, jeder Geruch ist anders. Der Schein des Lichts, der Duft der Blumen, Tempo, Harmonie und Stärke der Klänge sind anders – das alles trägt zum Frieden, zur Freude und zum Frohsein bei!
Die Worte, die wir hören, sind anders. Die spannungerzeugenden profanen Äusserungen, die wir in der Öffentlichkeit, in der Presse und in anderen Massenmedien die ganze Woche durch ertragen müssen, werden durch «andere Worte» ersetzt. Worte sind Gefühlsgeschosse oder Gefühlsbäder – Sonntag ist der Tag, an dem man Worte aufnimmt, die reinigen, entspannen und unseren Geist und unsere Seele heilen!
Wenn wir den erlebnisreichen Gottesdienst verlassen, haben wir eine doppelte, heilsame Behandlung erfahren. Im Gottesdienst haben wir die negativen Gefühle und Spannungen vertrieben, die sich in den sechs Tagen zuvor angesammelt haben. Und wir haben unser Dasein und unser Innerstes durch ein positives Gefühlserlebnis bereichert. So wie man das Motoröl ablässt, damit es die Ansammlung von schädlichen Teilchen, die langsam das Kraftzentrum des Wagens zerstören würden, mitnimmt und beseitigt, haben wir einen «geistigen Ölwechsel» gemacht.
Darauf kehren wir vom Gotteshaus in eine Umgebung zurück,

die gefühlsmässig mit der Atmosphäre übereinstimmt, die am Vorabend geschaffen worden ist, und die durch das am Sonntagmorgen soeben Erlebte noch bereichert wird. Und wenn wir am Sonntag einmal in einem Restaurant zu Abend essen, so geschieht dies an einem ganz besonderen, einzigartigen Ort, der sich durch eine gefühlsmässige Umgebung auszeichnet, in der sich das Erlebnis des Gottesdienstes fortsetzt. «Der Regen, der auf die Erde niederfällt, muss den Boden durchtränken können.» Das Restaurant muss ruhig sein, Stofftischtücher haben, die Stimmen müssen gedämpft sein und die Klänge angenehm, damit die Stimmung, die am Morgen geschaffen wurde, nicht brutal unterbrochen wird, bevor das beruhigende Erlebnis in die tiefsten Gründe und die entferntesten Enden der Seele und des Geistes eingegangen ist.

Da es sehr schwer ist, die Stimmung und die Atmosphäre ausserhalb unseres Heims zu bestimmen, essen wir sonntags nur selten auswärts, sondern ziehen uns in unser Haus zurück. Hier gibt es ein besonderes Sonntagsessen. Das ist ein Ereignis! Das am Tage Erlebte setzt sich hier fort. Bei Tisch sprechen wir über unseren Glauben und unsere Gefühle. Heute dürfen die Kinder nicht nach draussen gehen und auf der Strasse spielen. Heute ist ein besonderer Tag. Es ist der Tag Gottes. Es ist der Tag der Familie.

Es gibt nichts, dem unsere Familie in den letzten 25 Jahren höheren Wert beigemessen hätte, und unsere Kinder durften nie eine Arbeit machen, durch die sie diese zeitliche Ruhezone verletzt hätten. Von dieser Regel hatte ich nie eine Ausnahme gemacht.

Ich weiss, wie gross und mächtig der Zwang der Dinge ist, doch im Interesse seiner geistigen und körperlichen Gesundheit fordere ich jeden auf, sich eine 24stündige Ruhezone freizuhalten; denn er braucht sie unbedingt.

Der Forscher Dr. Arthur Comstock hat herausgefunden, dass «regelmässige Kirchgänger weniger Herzanfälle erleiden». Wen erstaunt das?